W0230847

ANNE PULKKINEN

Spielen und lernen nach der PEKiP-Zeit

THEORIE

PRAXIS

SERVICE

Anne Pulkkinen ist Erzieherin, Diplom-Pädagogin (univ.) und inzwischen mehr als 25 Jahre in der Familien- und Erwachsenenbildung tätig. Von 1986 an hat sie als PEKiP-Gruppenleiterin viele Eltern und ihre Babys durch das erste Jahr begleitet. Seit über 20 Jahren bildet sie zusätzlich auch PEKiP-Gruppenleiterinnen aus. Mehr als zehn Jahre hat Anne Pulkkinen viele Mini-Clubs (Eltern-Kind-Spielgruppen für Ein- bis Dreijährige) mit begleitenden Elternabenden geleitet. Sie hält Vorträge und gibt Kurse zu Erziehungsthemen, wie Kinderängste, Trotzphase, Sauberkeitserziehung, Sexualerziehung, Vorbeugung vor sexuellem Missbrauch. Zu ihrem Betätigungsfeld gehören außerdem Beratungsgespräche für Eltern. Heute leitet sie auch Qualifikations-Fortbildungen für Krippen-Erzieherinnen zum Thema »Fit von 0 bis 3«. Anne Pulkkinen wurde 1957 in Finnland geboren, lebt seit 1978 in Deutschland und ist Mutter von zwei Kindern.

ZWEI WORTE ZUVOR

Für Kinder ist Spielen so wichtig wie Essen und Schlafen: Mit Begeisterung und Neugier erkunden und erforschen sie alles – kein Wunder also, dass Kinder in den ersten sechs Lebensjahren rund 15.000 Stunden spielen! Dabei sind sie darauf angewiesen, dass in der Familie gespielt wird – sie brauchen Eltern, die ihnen die Welt erklären, die Zuhörer, Mitgestalter, Mitspieler sind, und die gleichzeitig an der Entwicklung, den Gedanken und Entdeckungen ihres Kindes teilhaben können. Viele Eltern fragen deshalb in den PEKiP-Gruppen fürs erste Jahr, was sie nach dieser schönen Zeit mit ihren Kindern spielen können. Darauf gibt es in diesem Buch jede Menge Antworten. Meine langjährige PEKiP-Kollegin Anne Pulkkinen hat dafür viele Spiele und Anregungen zusammengetragen: einige Spiele bis zum sicheren Laufen des Kindes und viele kreative und abwechslungsreiche Spielideen, die darauf aufbauen – lebendig und leicht anwendbar. Viel Spaß beim Spielen und Lernen zu Hause nach der PEKiP-Zeit!

Gertrud Scherer, Dipl. Pädagogin (univ.) und PEKiP-Gründerin

Aus meiner Praxis mit Eltern und ihren Kindern weiß ich um die »Stolpersteine«, die im spannenden zweiten und dritten Lebensjahr auf dem Weg liegen. In diesem Buch erfahren Sie, dass es sich dabei um Meilensteine in der Entwicklung Ihres Kindes handelt. Die Spiele, Bastelideen und Lieder in diesem Buch haben schon vielen Eltern und Kindern Freude bereitet – und werden auch Sie und Ihr Kind über seinen dritten Geburtstag hinaus mit schönen Spielstunden bezaubern. Und so wünsche auch ich Ihnen viel Spaß beim gemeinsamen Spielen und Lernen – mit bleibenden Erinnerungen an diese verzaubernde Zeit!

Anne Pulkkinen

VOM ERSTEN ZUM DRITTEN GEBURTSTAG

Der erste Geburtstag Ihres Kindes steht bevor oder fand vor Kurzem statt – der ideale Zeitpunkt, vorauszuschauen, was in den nächsten zwei Jahren passieren wird!

Entwicklung begleiten

Blättern Sie im Fotoalbum: Schwangerschaft, Geburt, das erste Jahr. Erinnern Sie sich, wie Ihr Neugeborenes auf Ihrem Bauch lag? Wie Ihr Kind Sie das erste Mal anlächelte, wie Sie seine winzige, warme Hand in Ihrer spürten? Auch das gemeinsame Baden oder Planschen haben Sie bestimmt nicht vergessen – ebenso wie die schlaflosen Nächte, Stillprobleme, schmerzhaftes Zahnen ... Sicher sind im Album auch einige Fotos von gemeinsamen PEKiP-Spielen – zu Hause oder in der Gruppe (siehe Seite 49).

Jetzt kennen Sie Ihr Kind besser: Sie wissen, wie sein Weinen zu deuten ist und was es gerade will, und auch der Tagesablauf ist überschau- und planbarer geworden. Das Neugeborene hochzunehmen war so ungewohnt – und jetzt toben Sie mit Ihrem Einjährigen! Zu einer guten Bindung gehört aber auch das Loslassen, schließlich soll Ihr Kind nach und nach selbstständiger werden.

Entwicklung ist individuell

PISA-Studien und zahlreiche, teils widersprüchliche Informationen aus den Medien verunsichern heute viele Eltern. Die am häufigsten gestellte Frage beim Kinderarztbesuch lautet im ersten Lebensjahr deshalb: »Entwickelt sich mein Kind altersgemäß?« Und diese Frage, die meist mit »Ja« beantwortet wird, ist noch lange aktuell. Viele Eltern lassen sich trotzdem durch Bemerkungen beunruhigen: »Läuft dein Kind denn immer noch nicht?« – »Wie, es spricht noch keine Zwei-Wort-Sätze?« Es ist erstaunlich, dass viele genau zu wissen glauben, wie schnell und in welchen Schritten sich ein Kind entwickeln sollte. Dabei sind Kinder genauso wie Erwachsene individuelle Persönlichkeiten, die sich in ihrem eigenen Tempo entwickeln: dem, das genau zu ihnen passt.

DER ERSTE GEBURTSTAG: AM BESTEN IM KLEINEN KREIS

Ein Baby versteht noch nicht, dass es jetzt Geburtstag hat, und kann von vielen Gästen und Geschenken überfordert sein. Die Alternative: Eine Kerze in aller Stille, ein einfacher Kuchen und ein leicht auszupackendes Geschenk (die Schleife ist wahrscheinlich das Interessanteste daran) bringen Babys Augen zum Leuchten! Gefeiert wird bei Mama und Papa dann meist zu zweit: Wenn das Baby im Bett liegt, genießen sie ein schönes Essen, ein Glas Sekt – und die Erinnerungen an das erste Jahr mit Baby.

Ihren zweiten und dritten Geburtstag können Kleinkinder bewusst erleben und feiern. Bei den ersten drei Geburtstagspartys werden die Gastkinder in der Regel von einem Elternteil begleitet. Die Spiele in diesem Buch eignen sich gut dafür. Wechseln Sie immer ein etwas wilderes und ein ruhigeres Spiel ab. Der Geburtstagskuchen sollte gut aus der Hand zu essen sein. Und für die Zahl der kleinen Gäste gilt: Laden Sie so viele Kinder ein, wie das Geburtstagskind alt wird – höchstens eins mehr.

Was heißt eigentlich Entwicklung?

Heute wird glücklicherweise nicht mehr diskutiert, ob die ererbte Veranlagung oder die Umwelt allein entscheidend für die kindliche Entwicklung ist, denn man weiß: Jedes Kind bringt für seine Gesamtentwicklung einen inneren Plan mit, der in seinen Genen gespeichert ist. Damit ein Kind all diese Fähigkeiten entfalten kann, ist es aber wichtig, dass es von Anfang an liebevoll begleitet und gefördert wird. Neben Nahrung und Pflege brauchen Kinder dabei vor allem das Gefühl, geborgen und in ihrer individuellen Persönlichkeit angenommen zu sein. Veranlagung und Förderung gehen dabei Hand in Hand. Das heißt, dass Ihr Kind viele Kompetenzen und Voraussetzungen bereits mitbringt, es aber Ihre Unterstützung und Begleitung braucht, um zu einem ausgeglichenen, sozialen und glücklichen Erwachsenen heranzureifen. Eine verantwortungsvolle Aufgabe für alle Eltern.

Wichtig: die Motivation des Kindes unterstützen

Nach der heutigen Definition von Entwicklung ist neben Erbanlagen und Umwelt auch die eigene Motivation des Babys und Kindes von Bedeutung. Die eigenen Motive und Bedürfnisse beeinflussen die Gesamtentwicklung: Schon ein kleines Baby hat den inneren Drang, sich zu entwickeln. Denn auch Kleinkinder möchten in den Bereichen, in denen sie bereits etwas können, möglichst selbstständig sein. Wenn sie etwa das Herunterspringen einigermaßen beherrschen, wollen sie von überall den Sprung wagen: vom Sofa, vom Bett, von der Treppe oder der Mauer. Sie möchten von der neuen Fähigkeit nun ausgiebig Gebrauch machen, denn das Wissen »Ich kann etwas« stärkt ihr Selbstwertgefühl – übrigens ein wichtiges Erziehungs-Prinzip!

Entwicklung und Erziehung

Um sich optimal zu entwickeln, sollten Kinder auf vielfältige Art und Weise erfahren können,

BEI BEDARF EINEN SCHRITT ZURÜCK

Kinder haben den inneren Drang, stets die nächst höhere Entwicklungsstufe zu erklimmen: Wer laufen gelernt hat, möchte diese neue Fähigkeit unter erschwerten Bedingungen ausprobieren und verfeinern, zum Beispiel indem er auf einem schmalen Mäuerchen balanciert. Doch wenn Kinder krank sind, können sie für kurze Zeit auf eine frühere Stufe zurückfallen, etwa indem sie dann wieder krabbeln statt laufen. Doch keine Angst: Nach dem Gesunden kommt gleich der nächste Schritt nach vorn.

dass sie etwas bewirken können: Wenn mit Fingerfarben ein buntes Bild entsteht, ist das ein sichtbarer Erfolg! Neben der Freiheit, sich zu entfalten, brauchen die Kleinen aber auch klare Grenzen: Die Socken werden nun mal nicht mit Schuhcreme poliert – auch wenn das Kind damit nur das Schuheputzen der Erwachsenen nachahmt, den Unterschied zwischen Schuhen und Socken aber noch nicht erkennt. Es ist Ihre Aufgabe als Eltern, Ihrem Kind geduldig, liebevoll und konsequent solche »Feinheiten« zu erklären.

Soziale und emotionale Entwicklung

Kinder sind soziale Wesen von Anfang an. Für ihre Entwicklung brauchen sie geeignete Kontakte. Im ersten Lebensjahr sind das vor allem die nächsten Bezugspersonen wie Mutter, Vater, Oma oder Opa. Untersuchungen von Prof. Dr. Hans Ruppelt, einem der Begründer des PEKiP, zeigen, dass Babys bereits ab dem dritten Monat Kontakt untereinander aufnehmen können. Sie sehen sich an, lächeln, berühren sich und spielen mit dem gleichen Gegenstand. Doch schon bald werden diese Begegnungen vielfältiger und schon mit zwei Jahren entstehen sogar erste echte Freundschaften. Kinder spielen mit ihresgleichen anders als mit Erwachsenen – und brauchen beides für ihre Entwicklung.

WICHTIG: VORSORGETERMINE FÜR ALLE KINDER

Bis ins 14. Lebensjahr gibt es die so genannten (kostenfreien) U-Termine, bei denen der Kinderarzt prüft, ob sich Ihr Kind altersgemäß entwickelt. Wenn Ihnen im Laufe der Zeit Fragen zur Entwicklung Ihres Kindes einfallen, sollten Sie diese aufschreiben, damit Sie nichts vergessen, wenn es so weit ist. Falls Sie wegen einer akuten Krankheit Ihres Kindes den Arzt aufsuchen, empfiehlt es sich zu notieren, was er Ihnen empfiehlt – so geht garantiert nichts unter!

U1	gleich nach der Geburt
U2	3. bis 10. Tag
U3	4. bis 6. Woche
U4	3. bis 4. Monat
U5	6. bis 7. Monat
U6	10. bis 12. Monat
U7	21. bis 24. Monat
U8	3,5 bis 4 Jahre
U9	5 Jahre
U10 (J1)	12 bis 14 Jahre

Entwicklungsschritte im zweiten und dritten Jahr

Auch die Entwicklung im Kleinkindalter, also im zweiten und dritten Lebensjahr, verläuft in der Regel in einer bestimmten Reihenfolge, wobei jedes Kind sein individuelles Tempo hat. Sicher haben Sie Ihr Baby im ersten Jahr mit gleichaltrigen Kindern verglichen. Alle Eltern tun das! So haben sie etwa bemerkt, dass sich die einen Babys früher, die anderen etwas später vom Rücken auf den Bauch drehen. Die Reihenfolge der Entwicklungsschritte aber war bei allen Babys gleich, denn das Umdrehen auf den

Bauch ist eine Voraussetzung fürs spätere Krabbeln. Doch statt sich darauf zu konzentrieren, was andere Kinder vielleicht schon (besser) können, sollten Eltern vielmehr darauf achten, was ihr eigenes Kind kann – und stolz auf das Erlernte sein.

Auf den folgenden Seiten finden Sie Informationen zur Entwicklungsreihenfolge im zweiten und dritten Lebensjahr – aber keine Zeitangaben für die Entwicklungsschritte. Denn noch mehr als im ersten Jahr hat auch jedes Kleinkind sein eigenes Tempo. Bei der Spielauswahl (ab Seite 52) sollten Sie sich deshalb am Entwicklungsstand Ihres Kindes – und nicht am Alter – orientieren.

Großmotorik – große Bewegungen

Früher wurde in der motorischen (Bewegungs-)Entwicklung zwischen Grob- und Feinmotorik unterschieden. Heute setzt sich die Bezeichnung Großmotorik mehr und mehr durch: Denn die Bewegungen sind etwa im Vergleich zu den feinen Handbewegungen groß, aber keineswegs grob, da auch hier das Zusammenspiel der Muskeln fein abgestimmt werden muss.

Aufrecht gehen: ein Meilenstein

Die meisten Kinder können um den ersten Geburtstag herum in aufrechter Position stehen. Vorwärts geht es zunächst aber meist noch krabbelnd – und zwar flink! Wenn sie die aufrechte Position entdeckt haben, versuchen die Kleinen sich an Seitschritten, bei denen sie sich mit beiden Händen an Möbeln festhalten. Sich nur mit einer Hand festzuhalten und in der anderen ein Spielzeug zu tragen ist schon abenteuerlich! Viele schieben jetzt auch gern einen Puppenwagen (siehe »Kistenrennen« Seite 54).

Erste Schritte »in freier Wildbahn«

Die ersten freien Schritte gelingen meist auf der »Kurzstrecke« zwischen Sofa und Couchtisch – ein aufregendes Erlebnis für Eltern und Kind, das nach Ansicht vieler Mütter und Väter kaum noch zu steigern ist. Bei diesen breitbeinigen und wackligen kleinen Spaziergängen breitet das Kind oft noch seine Arme aus, um das Gleichgewicht zu unterstützen.

WICHTIG
Etwa jedes zehnte Kind überspringt eine Entwicklungsstufe oder erreicht sie viel später als andere. Ausnahmen sind also ganz normal. Sind Sie allerdings einmal sehr verunsichert, fragen Sie bitte Ihren Kinderarzt! Er hat Verständnis für Ihre Sorgen, wird Sie aber in den meisten Fällen beruhigen können.

GROSSE SCHUHE – GROSSE LEUTE

Zwei- und Dreijährige lieben es, in die Schuhe der »Großen« zu steigen: Wenn ein zwei Jahre alter Junge in den Schuhen seines Vaters läuft, ist er für diese Zeit der Papa und übt schon mal die männliche Rolle. Und auch im Kindergartenalter bleibt es ein beliebtes (Rollen)Spiel, in die Schuhe und Klamotten der Großen zu schlüpfen!

Sicher laufen – für die Kleinen eine Kunst!

Bis ein Kind sicher laufen kann, muss es noch viel lernen. Bei den ersten Schritten wird mehr gerannt als gelaufen. Langsam gehen, stoppen, die Richtung ändern und Kurven laufen sind Fähigkeiten, die erst später dazukommen. Und noch mehr Geschick erfordert Fußballspielen: Ihr Kind läuft dabei auf ein Ziel (den Ball) zu, macht kurz davor einen größeren Schritt und versucht dann auch noch, den Ball zu treten. Gar nicht so einfach, dabei das Gleichgewicht zu halten! Viele Zweijährige können auch schon etwa fünf Schritte rückwärts gehen.

Treppauf – treppab

Ihr Kind kann jetzt die Treppe selbstständig hinaufsteigen, wobei es sich am Geländer festhält – erst mit beiden Händen, später reicht eine. Anfangs setzt es immer das gleiche Bein auf die nächste Stufe und zieht das andere nach. Treppab gehen ist noch schwieriger! Doch auch hier macht Übung den Meister ... Gegen Ende des dritten Lebensjahres kann Ihr Kind schließlich stolz Treppen hinauf und hinab gehen, ohne sich festzuhalten. Von der untersten Stufe kann es sogar beidbeinig herunterspringen (siehe »Bergsteigen« Seite 68). Es kann inzwischen aber auch mit beiden Beinen vom Boden abspringen. Auf einem Bein stehen ist noch etwas schwierig, wird aber eifrig trainiert.

Hoch, höher, am höchsten ...

Sobald ein Baby krabbeln gelernt hat und damit jeden Wunschpunkt erreichen kann, hat es ein Ziel vor Augen: Es will nach oben! Während sich die Kleinen zuerst noch an Mama hochziehen und später dann auf Matratzen und Sofas klettern, ist es für Zweijährige kein Problem mehr, einen Stuhl zu erklimmen, um etwas vom Tisch zu holen. Doch schon bald wollen sie noch höher hinaus: Die Älteren reizen inzwischen auch Bücherregale und Schrankwände. Jetzt ist es deshalb an der Zeit, in der Wohnung mögliche gefährliche »Berggipfel« aufzuspüren und wenn möglich zu »entschärfen«. Gleichzeitig sollten Sie Ihrem Kind die nötigen Grenzen setzen.

Den natürlichen Bewegungsdrang unterstützen

Viele Menschen leben heute in kleinen und hellhörigen Wohnungen – das schränkt den natürlichen Bewegungsdrang der Kinder häufig ein. Die Bewegungsspiele in diesem Buch sind deshalb so konzipiert, dass sie sich sowohl auf kleinem Raum als auch gut im Freien realisieren lassen. Ein Spielplatz, eine Wiese im Park oder eine extra ausgeschilderte Spielstraße bieten dann ausreichend Raum zum Austoben.

Da Bewegung wichtig für die Gesamtentwicklung ist, sollten Sie die Bewegungsfreude Ihres Kindes wann immer möglich fördern. Oft warnen Eltern: »Pass auf, das ist gefährlich!« – »Nicht so hoch!« – »Nicht hüpfen, das stört die Nachbarn!« ... Natürlich müssen Sie auf echte Gefahren achten und ein gewisses Maß an Rücksicht gewährleisten. Dabei sollten Sie aber immer bedenken, dass ein Kind, das von Anfang an vieles ausprobieren darf, Gefahren eher erkennt und sich selbst besser einschätzen kann.

Die meisten Unfälle passieren Kindern, die übervorsichtig und deren Eltern eher ängstlich sind! Lassen Sie Ihr Kind auf dem Spielplatz das Klettergerüst erklimmen. In der Regel wird es nur so hoch klettern, dass es allein zurückkommt. Und was die Nachbarn betrifft: Kinder, die sich oft draußen austoben, schalten zu Hause schon mal freiwillig einen Gang runter ...

Individueller Bewegungsdrang

Die meisten Ein- bis Dreijährigen sind in ihrem Bewegungsdrang kaum zu bremsen, doch schon unter Babys gibt es »Entdecker« und »Denker«. Versuchen Sie nicht, Ihr Kind zur Bewegung zu zwingen – die gemeinsamen Spiele sollen Spaß machen! Überlegen Sie sich für kürzere Wege Alternativen zum Auto. Der Medienwissenschaftler Neil Postman spricht von »Autokindheit«: Kinder werden oft herumkutschiert – und verlernen dadurch, wie viel Spaß es macht sich zu bewegen.

GU-ERFOLGSTIPP

AUF VIER, DREI UND ZWEI RÄDERN

Viele Kinder bekommen zum ersten Geburtstag ein Rutschauto, mit dem sie bald durch die Wohnung sausen. Ab etwa zwei Jahren ist als nächstes Gefährt das Dreirad zu empfehlen. Vor dem Fahrradfahren (das am besten ganz ohne Stützräder stattfinden sollte) kann das Kleinkind auf einem Tretroller oder einem Laufrad (gibt es im Spielwaren- oder Fahrradgeschäft) üben, in Fahrt die Balance zu halten.

Feinmotorik: schon bald flink und geschickt mit den Händen

Ein Neugeborenes hat fast die ganze Zeit die Hand zur Faust geballt. Das einjährige Kind beherrscht dagegen bereits den Zangengriff, der es ihm mit gebeugtem Zeigefinger und Daumen ermöglicht, auch ganz kleine Sachen aufzulesen. Mit einem Jahr kann es in jeder Hand einen Gegenstand halten und beide gegeneinander schlagen. Es kann seinen Zeigefinger strecken und damit auf Details zeigen, die auch Mama sehen soll: »Da!«

Kleine Ball- und Baumeister

Mit beiden Händen wird jetzt ein Ball aufgefangen und weggeworfen – beides keine Selbstverständlichkeit, denn auch das Loslassen musste vorher geübt werden. Mit drei Jahren werfen Kinder den Ball über den Kopf nach oben, wobei sie ihn anfangs nach hinten loslassen. Dass sich in der Feinmotorik vieles tut, zeigen die Fortschritte im Turmbau (siehe Seite 87). Stolz präsentieren Zweijährige ihr Meisterwerk: einen Turm aus drei Klötzen. Und mit den Jahren wächst dann auch die Höhe des Turms.

Hinein, hinaus und mittendurch

Mit gut einem Jahr (gelegentlich auch schon viel früher) können Kinder kleine Gegenstände in kleine Öffnungen stecken: Rosinen verschwinden in einer Flasche und können später wieder zurückerobert werden, indem die Flasche umgekippt wird – was für kleine Kinder eine beachtliche Denkleistung ist!

Es macht Zweijährigen aber auch Riesenspaß, große Perlen auf eine dicke Schnur zu fädeln. Und was Einjährige noch meist erfolglos geübt haben, klappt jetzt perfekt: Zweijährige können Wasser von einem Becher in den anderen gießen, ohne es auszuschütten.

Vorsicht: Lassen Sie Ihr Kind nie unbeobachtet mit kleinen Gegenständen spielen!

SELBSTSTÄNDIG AM TISCH

Allein aus einer Tasse zu trinken fördert nicht nur die Handgeschicklichkeit, sondern auch die Hand-Augen-Koordination entwickelt sich weiter – selbst wenn anfangs einiges am Mund vorbei geht. Gleiches gilt fürs Essen mit dem Löffel: Je früher Sie Ihrem Kleinen den Löffel in die Hand geben, umso eher lernt es, selbstständig zu essen. Und für das Chaos unterm Babystuhl gibt es Wachstücher zum Auslegen, die das Saubermachen erleichtern.

Papier ist toll: junge Künstler am Werk

In der Entwicklung des Malens (Vorstufe zum Schreiben) machen Kinder ab dem zweiten Lebensjahr enorme Fortschritte, obwohl wir Erwachsene kaum Unterschiede zwischen den Werken eines Zweijährigen und eines Dreijährigen sehen.

Das Einjährige umklammert den Stift fest mit der Faust und kritzelt aufs Papier: Es entdeckt jetzt den Spaß am Malen und will das von sich aus oft tun. In den folgenden Monaten hält es den Stift fast richtig und macht große Kreisbewegungen damit. Dreijährige malen schon runde Formen und können kleinere Flächen ausmalen. Die Kunstwerke werden oft nachträglich benannt: Zuerst ist es ein Müllauto (die Müllabfuhr war eben da), im nächsten Moment zeigt das Bild den Papa (Papa kam gerade nach Hause)! Wenn Dreijährige auf Bitten den Papa oder die Mama zeichnen, werden diese häufig zu Kopffüßlern, indem ein runder Kopf Arme und Beine bekommt. Zweieinhalbjährige falten aber auch gern Papier, aber natürlich noch keine Schiffe oder Frösche! Dreijährige können Buchseiten einzeln umblättern und mit der Schere recht gerade schneiden. Und was könnte schöner sein als die Herstellung von Unmengen von (bunten) Papierschnipseln!

Knopf auf!

Gerade beim An- und Ausziehen ist die Feinmotorik gefragt. Im zweiten Lebensjahr kann ein Kind einen Reißverschluss selbstständig öffnen, was am liebsten bei anderen, etwa an einer Tasche oder am Pullover des Vaters oder eines anderen Kindes, geübt und demonstriert wird. Kleidungsstücke wie Socken oder eine Hose mit Gummibund können Kinder in diesem Alter auch schon allein ausziehen. Jackenknöpfe aufzumachen ist übrigens erheblich leichter, als sie wieder zuzumachen.

Ein tolles Gefühl: »Ich kann schon ganz allein den Knopf aufmachen!«

Denken, verstehen und sprechen

Mit einem Jahr sagen etwa die Hälfte aller Kinder »Mama« und »Papa« und ordnen die Worte den Personen richtig zu. Doch schon vor dem Sprechenlernen verstehen Babys sehr viel mehr Wörter – wie ja auch der passive (verstehende) Wortschatz der Erwachsenen größer ist als der aktiv genutzte.

Natürlich ist das Tempo der Gesamtentwicklung im ersten Jahr kaum zu toppen. Doch die Sprachentwicklung zwischen dem ersten und dritten Geburtstag ist ebenfalls gigantisch: Mit einem Jahr spricht Ihr Kind Einwortsätze, mit zwei Jahren Zweiwortsätze und mit drei Jahren Dreiwortsätze mit fast richtiger Grammatik (siehe Seite 21)! Das heißt, Sie können sich mit Ihrem Zweijährigen – wenn es nicht gerade einen Trotzanfall hat – bereits gut verständigen und mit Ihrem dreijährigen Kind schon richtig diskutieren. Für das erste und zweite Fragealter (siehe Seite 32) gilt: Sie werden es überleben. Außerdem können Sie durch die Auseinandersetzung Ihres Kindes mit der Welt diese mit seinen Augen sehen. Die schöne Blume am Wegrand hätten Sie vielleicht übersehen, wenn Ihr Kleines nicht mit »Is'n des?« nachgefragt hätte. Sie werden nun »Spazierenstehen« kennenlernen, bei dem auch kurze Wege mit Beobachtungs- und Entdeckungspausen gespickt sind!

SOZIALER KONTAKT – VORAUSSETZUNG FÜRS SPRECHEN

Vielleicht kennen Sie die Geschichte von Kaiser Friedrich dem Zweiten (1194–1250), der die menschliche »Ursprache« entdecken wollte. Dazu ließ er etliche Kinder von Ammen aufziehen. Diese waren für Ernährung und Körperpflege zuständig – mit den Kindern zu sprechen oder zu kuscheln war streng verboten. Die »Ursprache« fand der wahnsinnige Kaiser nie (und alle Kinder starben im Verlauf des Experiments). Und auch von den so genannten »wilden Kindern« oder »Wolfskindern«, die wie Tiere allein in der Natur aufgewachsen waren, hatte keines eine Sprache entwickelt. Die beiden Beispiele zeigen, dass Kinder Zuwendung und soziale Erfahrungen brauchen, um die Sprache zu erlernen. Nur unter diesen Voraussetzungen können sie ihre mitgebrachten biologischen Fähigkeiten nutzen: Das Hören und die Verarbeitung des Gehörten in den beiden Sprachzentren im Gehirn.

Denken oder Sprache, das ist die Frage

Was war zuerst da – das Denken oder die Sprache? Wir können, so wird meist angenommen, nicht ohne Wörter denken, was auf Erwachsene durchaus zutrifft. Doch Kinder denken schon, noch bevor sie die Sprache aktiv gebrauchen. Nur sind im ersten und zweiten Lebensjahr Denken und Tun zeitlich eng verknüpft. Ein acht, neun Monate altes Baby weiß zum Beispiel, dass jemand kommt, wenn es laut weint – man spricht hier von vorausschauendem Denken. Und wenn ein einjähriges Kind seine Schuhe holt und sie der Mama zeigt, sagt es damit, dass es jetzt gern spazieren gehen würde. Im dritten Lebensjahr können Kinder sich dann bereits etwas bildhaft vorstellen – und parallel dazu wachsen die sprachlichen Fähigkeiten rasant. Jetzt ist es wichtig, Antworten auf die zahlreichen Fragen zu erhalten (siehe Seite 32) und Bilderbücher vorgelesen zu bekommen. Denn genau das fördert nicht nur die Sprachentwicklung, sondern ist auch Nahrung für Sprache, Denken und Fantasie.

Ein »fantastischer« Freund ...

Nun macht auch die Entwicklung der erfinderischen Vorstellungskraft einen großen Sprung. Häufig haben Kinder jetzt einen für andere unsichtbaren Freund, und nicht selten bestehen sie darauf, dass die Eltern für ihn bei jeder Mahlzeit einen Teller auf den Tisch stellen müssen. Denn in der Fantasiewelt des Dreijährigen ist dieser Freund lebendig: Es spielt mit ihm und spricht ihn mit einem Namen an. In diesem Rollenspiel, das sie oft bis ins Schulalter beibehalten, erproben Kinder soziale Situationen »in Sicherheit«, also ohne das Risiko, von einer realen Person missverstanden zu werden.

Eltern müssen sich in den meisten Fällen weder Sorgen machen, noch müssen Sie dieses Verhalten extra unterstützen. Und es ist ja nur ein geringer Aufwand, einen zusätzlichen Teller auf den Tisch zu stellen, solange kein extra Schnitzel gebraten werden soll! Allerdings sollte Ihr Kind nicht völlig in seine Fantasiewelt abtauchen und jeden Kontakt zu Altersgleichen meiden. Denn das könnte auch eine Flucht vor realen Problemen bedeuten.

TIPP

Für die Sprachentwicklung von Kindern ist es wichtig, dass Sie alle Pflegesituationen (also beim Wickeln, Waschen oder Anziehen) stets auch verbal begleiten: »Jetzt ziehe ich dir zuerst einmal die rechte Socke aus.« – »Gib mir doch bitte mal die Windel.«

Sprache verstehen

Bis zum Alter von fünf Monaten lallen alle Babys dieser Welt im so genannten Baby-Esperanto – egal welche Sprache ihre Eltern sprechen. Und selbst gehörlose Babys erzeugen die gleichen Laute wie ihre Altersgenossen. Schon vor dem ersten Geburtstag können Babys vielen Personen und Gegenständen Namen zuordnen. Sie verstehen auch kleine Aufforderungen, wie »Bring mir den Ball!« oder »Bitte – Danke!«. Das berühmte »Nein« kennen sie ebenfalls schon – auch wenn es nicht immer den gewünschten Effekt hat. Achten Sie beim Neinsagen unbedingt darauf, dass Ihr Gesichtsaudruck und das Verbot zusammenpassen!

Mit etwa zwei Jahren versteht ein Kind schon längere Sätze wie: »Wenn wir zur Oma gehen, gibt es einen Kuchen.« Es kennt die meisten Körperteile kann sie richtig bezeichnen (siehe Seite 37). Im Bilderbuch zeigt es auf das von der Mutter genannte Tier und benennt es richtig (zuvor eher nach Tierlauten). Als erstes räumliches Verhältniswort lernen Babys im zweiten Lebenshalbjahr »in«. Denn mit der Hand haben sie das Innere eines Bechers erforscht und so (nach Länge und Breite) die dritte Dimension, die Tiefe kennengelernt. Im Anschluss lernen sie, das Wort »in« in verschiedenen Situationen anzuwenden. Mit zwei Jahren verstehen Kinder das Wort »auf«, danach »unter« und »hinter«, und mit etwa drei Jahren haben sie die Bedeutung des Wortes »vor« verinnerlicht. »Gib mir den Ball!« versteht ein Kind übrigens nicht so gut wie »Gib Mama den Ball!«.

Sag's noch mal, Baby: Reime und Verse

Führende (Sprach-)Wissenschaftler haben die Bedeutung alter Kinderreime für die Sprachentwicklung wiederentdeckt. Kinder lieben kleine, einfache Reime und Verse und können sie erstaunlich früh auswendig sagen. Auch wenn manche Reime in den Ohren der Erwachsenen recht rüde klingen: Kinder stört es nicht, wenn bei »Hoppe, hoppe Reiter« der Reiter am Ende von Raben gefressen wird oder in den Sumpf fällt – zusammen mit den entsprechenden Bewegungen empfinden Kinder dabei eine so genannte Wonneangst – und genießen das Spiel.

KINDLICHE FREIHEITEN
Dass Kinder beim Reimen auf Künstlerfreiheit bestehen, kann Eltern manchmal in Verlegenheit bringen, wie im Fall des zweieinhalbjährigen Sängers Tobias: Er sang schön laut »Spannenlanger Hansel, nudeldicke Dirnen ...«!

Sprechen lernen

Kinder verstehen Sprache deutlich früher als sie selbst sprechen können. Doch mit etwa einem Jahr, spätestens mit 18 Monaten ist es bei den meisten Kindern dann soweit: Sie sprechen ihre ersten Wörter (meist »Mama«, »Papa«, »Auto« ...). Zuvor und auch danach benutzen sie ein für Erwachsene unverständliches Kauderwelsch: Sie ahmen Rhythmus und Tonfall der Sprache ihrer Bezugspersonen nach. Anders als beim universellen Baby-Esperanto ist jetzt der landestypische Sprachklang klar zu hören – vor allem wenn Kinder in Rollenspiele (Nachahmen) vertieft sind.

Erste Wörter und Ein-Wort-Sätze

Die ersten Wörter ihres Kindes sind für Eltern nicht immer leicht zu verstehen: »put« kann »kaputt« bedeuten, aber auch »Zähneputzen«. Oft gibt's Ärger, wenn der Papa es nicht gleich richtig interpretiert: Das Kind hat sich doch für seine Begriffe klar ausgedrückt! Doch schon bald haben die Eltern den »Code« geknackt, der für Außenstehende häufig ein Rätsel bleibt!

TIPP: Sprachlich korrigieren – ja oder nein?

Eltern neigen dazu, falsche Wörter oder falsch gebeugte Verben mit einem »Wie heißt es richtig?« nachzufragen und zu korrigieren, was jedoch kein Ansporn für die Sprachentwicklung ist. Besser ist es, so vorzugehen: Ihr Kind sagt »Ane«, und Sie wissen, dass es eine Banane meint. Darauf sagen Sie: »Du möchtest eine Banane, hier bitte.« Denn wenn Sie Ihr Kind auffordern, »Banane« zu sagen, verwirren Sie damit es nur, da es sich selbst richtig reden hört. Das gleiche gilt übrigens für stotternde Kinder, die ihr Stottern nicht wahrnehmen. Auf »Ich trinkte Milch« reicht Ihre Bestätigung: »Ja, du trankst Milch. Schmeckte es gut?« Kinder lernen unsere Sprache nicht nur durch Nachahmung – sonst müssten sie jedes Wort und jede Beugung vorher gehört haben. Sie erkennen vielmehr bestimmte Regeln und lernen sie anzuwenden. Erstaunlicherweise benützen Dritt- und Viertklässler die Zeitformen der Verben im Alltag oft korrekt, nur wenn sie danach gefragt werden, kommen sie durcheinander und aus »trank« wird »trinkte«! Erst wenn Ihr Kind über das vierte Lebensjahr hinaus mit fehlerhafter Grammatik spricht oder stottert, sollte das therapeutisch abgeklärt werden.

GANZ SCHÖN KOMPLIZIERT: DRUNTER UND DRÜBER

Ein zweijähriges Kind muss schon einiges gelernt haben, um die Worte »Dein Teddybär liegt auf dem Stuhl« zu verstehen. Es muss wissen, welches Möbelstück unter den vielen ein Stuhl ist und welcher Gegenstand im Zimmer sein Teddy ist. Es sucht den geliebten Bären auch nicht hinter dem Stuhl, sondern hat schon die Vorstellungskraft, um zu wissen, was »auf dem Stuhl« bedeutet. Diese Leistung ist vergleichbar mit dem Erlernen einer Fremdsprache!

Sagt Ihr Kind selbst den Zweiwortsatz »Teddy Stuhl«, kann dies vieles bedeuten: »Der Teddy sitzt auf dem Stuhl« oder »... schläft auf dem Stuhl.« Oder auch: »Ich will auf dem Stuhl sitzen, Mama soll den Bären wegtun!« Da Kinder in diesem Alter überzeugt sind, dass andere genauso denken wie sie selbst (man nennt das egozentrisches Denken), werden sie wütend, wenn Mama sie nicht versteht und deshalb nicht tut, was sie meinen, gesagt zu haben.

Nach den ersten Wörtern kommen die Ein-Wort-Sätze. »Auto« kann jetzt bedeuten: »Papa ist gerade mit dem Auto gekommen.« Oder: »Wo ist mein neues Auto?« Oder: »Ein Auto ist vorbeigefahren.« Kinder, die früh laufen gelernt haben, sagen Ein-Wort-Sätze übrigens oft später. Sie verfeinern jetzt das Laufen, sie hüpfen, springen, balancieren ... Da kann es schon mal vorkommen, dass das Sprechenlernen zunächst in den Hintergrund tritt.

Zwei-Wort-Sätze

Wenn die Kleinen 20 bis 50 Wörter beherrschen, beginnen sie Zwei-Wort-Sätze zu bilden. Dies geschieht (in neun von zehn Fällen) mit zwei Jahren, spätestens mit dreieinhalb Jahren. Jetzt kann Ihr Kind zwei Bedeutungen kombinieren: »Anna essen« heißt, dass Ihr Kind Anna Hunger hat und essen will. Es kann nun aber auch unterscheiden und sprachlich ausdrücken, welchem Familienmitglied was gehört beziehungsweise wer gemeint ist: »Mama Schuhe«, »Peter Hose« und »Katze Teller« sind nicht nur die ersten Sätze, sondern Meilensteine in der Persönlichkeits- und Ich-Entwicklung. Denn Ihr Kind kann sich selbst nun von anderen unterscheiden. Bis es von sich in der Ich-Form redet, wird es aber noch eine Weile dauern.

Drei-Wort-Sätze

Mit etwa drei Jahren bilden neunzig Prozent aller Kinder Drei-Wort-Sätze mit Subjekt, Objekt und Verb: »Anna Saft haben« oder »Peter Pipi machen«. Danach geht es rasant voran. Die grammatikalischen Regeln lernen Kinder zwischen dem zweiten und vierten Geburtstag (je nach Entwicklungstempo und sprachlicher Förderung). Der Aufbau der Sätze gelingt zunehmend korrekter und auch die Wortformen werden richtig verwendet: die Mäuse (vorher: die Mause), ich lief (vorher: laufte).

Fortschritt über Fortschritt

Wenn Sie Ihrem knapp Zweijährigen beim Frühstück sagen: »Heute Nachmittag gehen wir zum Spielplatz«, dann wird es denken, dass es gleich losginge, da »Heute Nachmittag« noch keine Bedeutung für es hat. Erst mit etwa drei Jahren verstehen Kinder solche Zeitbegriffe. Kinder spielen in diesem Alter gern mit der Sprache: Sie ersetzen zum Beispiel ein Wort aus einem Reim durch ein selbst erfundenes Wort – und freuen sich, wenn die Erwachsenen darüber lachen.

WÖRTER, DIE WELTWEIT FASZINIEREN

In fast allen Kulturen und Sprachen werden die »schmutzigen« Wörter aus dem Anal- und Genitalbereich hergeleitet – und üben große Faszination auf Zwei- bis Fünfjährige aus. Das heißt nicht, dass Sie solche Ausdrücke dulden sollten. Dabei hat der Satz »Ich will es nicht hören!« bessere Chancen als »So was sagt man nicht!«.

TIPP: Peinlich, peinlich? Nehmen Sie's leicht

Kleinkinder sagen unverblümt genau das, was sie meinen. Das kann den Eltern gelegentlich unangenehm sein, etwa wenn ein zweieinhalbjähriges Kind völlig fremden Leuten erklärt, dass es gerade ein Pupsgeräusch gehört hat.

Auch Schimpfwörter schnappen die Kleinen nur zu gern auf. Wenn wir dann noch über ein niedlich gesagtes »Seise« das Lachen nicht unterdrücken können, spornt das Kinder zusätzlich an! Aber machen Sie sich keine großen Sorgen: Spätestens im Kindergarten wird Ihr Kind lernen, dass solche Wörter nicht erwünscht sind. Zweijährige finden es auch toll, dass Babys im Bauch wachsen. Kein Wunder also, dass sie gern auf alle dicken Bäuche zeigen und verkünden: »Baby Bauch!« – egal ob Frau oder Mann. Und auch hier gilt: Nehmen Sie's mit viel Humor!

Nächste Ausfahrt: Kinder-
zimmer! Im Spiel verarbeiten
Kinder ihre Erlebnisse.

Spielend die Welt erobern

Mia stellt zwei Kinderstühle hintereinander. Auf dem hinteren Stuhl sitzt ihr Teddy. Sie selbst hat eine Einkaufstasche in der Hand und setzt sich auf den vorderen Stuhl. Neben ihr sitzt ihre Puppe. Mia sitzt relativ lange. Auf einmal steht sie auf und bringt den Teddy weg. Auf den Stuhl kommt ein anderes Stofftier. Mia sitzt noch eine Zeitlang neben ihrer Puppe, steht dann auf und geht in der Wohnung umher, mit der Puppe im Arm. Sie füllt ihre Tasche mit allen möglichen Sachen und kehrt zu den Stühlen zurück. Wieder ein anderes Tier nimmt auf dem hinteren Stuhl Platz, auf den vorderen setzt sich Mia – die Puppe wieder daneben. Irgendwann steht Mia auf, geht zu ihrem Tisch und leert die Tasche aus. Die Stühle holt sie dazu und setzt sich hin.

Was tat Mia? Die zwei Stühle waren ein Bus, in dem sie mit ihrem Kind in die Stadt fuhr und Einkäufe machte. Die Tiere waren fremde Fahrgäste, die ein- und ausstiegen. Alles genau wie gestern beim Einkaufen mit Mama! Kinder beobachten ihre Umwelt genau: Was tun Mama und Papa im Haus? Was geschieht beim Einkaufen? Eine Straßenbahnfahrt wird zur Entdeckungsreise.

Auch Gesichter und Gesten sind interessant – so erkennt das Kind die Gefühle anderer. Die vielen Wahrnehmungen bilden zuerst ein Chaos. Und eben dieses Chaos versucht das Kind im Spiel zu überblicken, zu ordnen und zu verarbeiten.

Jetzt du, Papa!

Die Rollenspiele entwickeln sich weiter: Irgendwann fordert das Kind andere zum Rollenspiel auf, indem es zum Beispiel dem Papa den Telefonhörer ans Ohr hält: Papa soll mit der Oma telefonieren. Eine enorme Vorstellungsleistung! Das Kind freut sich über das imaginäre Gespräch – das es als echt wahrnimmt!

In dieser Phase der Spielentwicklung sind die Eltern gefragte »Spielobjekte« und Spielpartner: Sie werden gekämmt, mit der Flasche und dem Löffel gefüttert und mit dem ersten Sandkuchen (zunächst noch in der Form) überrascht. Später spielen Kinder in der gleichen Weise mit ihrem geliebten Teddy oder ihrer Puppe, was einen weiteren Entwicklungsschritt darstellt.

Ganze Situationen nachspielen

Gegen Ende des zweiten Lebensjahres spielen die meisten Kinder Sequenzen des Alltags nach. »Essen« und »Schlafengehen« werden als wichtige Abschnitte des Tages besonders gern nachgespielt und verarbeitet. Das Kind kocht im Puppenkochtopf das Mittagessen, deckt den Tisch und stellt den Topf auf den Kindertisch. Dann holt es die Puppe und setzt sie auf den Stuhl. Die Puppe isst jetzt – zwar mithilfe des Kindes, aber in seiner Vorstellung isst sie allein. Wenn etwas daneben geht, wird geschimpft – auch das eine Verarbeitung des Alltags. Zwischen dem dritten und fünften Jahr, je nach sprachlicher Entwicklung und Vorhandensein von Spielgefährten, werden auch andere Kinder ins »Vater-Mutter-Kind-Spiel« und beim »Einkaufen« miteinbezogen.

INNERE BILDER UND VORSTELLUNGEN SCHON BEI DEN GANZ KLEINEN

Schon ein neun bis zwölf Monate altes Baby ahmt die Erwachsenen nach: Es telefoniert gleichzeitig mit der Mama. Später fällt ihm diese Tätigkeit wieder ein, und es holt sein Spieltelefon. Es hat also innere Vorstellungen von Gegenständen und Tätigkeiten. Symbolvorstellungen sind Nahrung für Denken und Sprechen. Die Banane wird zum Telefon. Man kann sie erst nach dem Spiel essen: Telefone isst man bekanntlich nicht! In ihrem Bus-Spiel (siehe Seite 24) benutzte Mia die Stühle ebenfalls als Symbole.

Aus dem Erziehungsalltag

Im zweiten und dritten Lebensjahr entwickelt Ihr Kind immer mehr seine Persönlichkeit. Auf diesem Weg liegen vermeintliche Stolpersteine, was den Alltag für beide Seiten ganz schön anstrengend machen kann. Tatsächlich handelt es sich dabei aber um Meilensteine in der Entwicklung Ihres Kindes! Vielleicht hilft es Ihnen, die Sache so zu sehen: Nicht die Kinder sind schwierig, sondern wir Erwachsene haben Schwierigkeiten, mit diesen wichtigen Entwicklungsphasen angemessen umzugehen.

Die Trotzphase: »Nein! Will nicht!«

Die Mutter der zweijährigen Lara nutzt die Wickelmöglichkeit im Einkaufszentrum. Als sie Lara die Windel anziehen will, verkündet die Kleine: »Lara keine Windel. Will nicht!« Lara tobt, schreit, schlägt um sich. Der Einkauf im benachbarten Supermarkt dauert zwar nicht lange, doch Laras Hose wird nass! Dann fällt ihr noch ein, dass sie keine Gummistiefel möchte, und sie zieht sie aus. Da es regnet, besteht die Mutter darauf, dass Lara die Stiefel wieder anzieht – und schon kommt der nächste, noch lautere Wutanfall! Also packt die Mutter das schreiende Bündel und nimmt in die andere Hand die Einkaufstüte, die selbstverständlich prompt reißt! Und doch gibt es ein glückliches Ende: Eine Frau, die alles beobachtet hat, kauft an der Kasse eine Tüte und gibt sie Laras Mutter. Durch diese neue, interessante Wendung wird Lara plötzlich wieder »normal« – sie zieht ihre Stiefel an und hilft beim Umpacken. Die nasse Hose stört sie mit der Regenhose darüber zum Glück nicht. Doch die Mutter schämt sich und beschließt, das Einkaufszentrum erst einmal zu meiden. So knüppeldick kommt es nicht jeden Tag und meist auch nicht in der Öffentlichkeit – aber auch kleinere Wutanfälle bringen Eltern gelegentlich an den Rand des (Ver-)Zweifelns.

EIN KLEINER TROST

Mit der Zeit werden Sie die typischen Situationen, die bei Ihrem Kind Trotzanfälle auslösen, kennenlernen und nicht mehr so sehr davon überrollt werden: Anziehen, Zähneputzen, Schlafengehen, Einkaufen, Aufräumen, Essen, Wickeln, den Spielplatz verlassen, Spazierengehen … Anlässe für Tobsuchtsanfälle gibt es nämlich viele!

WICHTIG: TROTZ HEISST BEI KINDERN NICHT BOSHEIT

> Da Trotz mit Loslösung zu tun hat, gibt es kindliche Trotzanfälle nur in Verbindung von Eltern und Kind. Trotz, auch treffend als Koller bezeichnet, hat nichts mit Bösartigkeit zu tun und Kinder toben (zumindest anfangs) nicht, um etwas zu erreichen.

> Wenn Sie als Mutter oder Vater souverän und ruhig damit umgehen, kann Ihr Kind den aufgewühlten Zustand sofort nach dem Anfall vergessen. Während des Anfalls ist Ihr Kind (sprachlich) nicht erreichbar. Warten Sie dann einfach ab, bleiben Sie in der Nähe, halten Sie Ihren kleinen Rebellen fest und zählen Sie ganz ruhig bis 100!

> Geben Sie Ihrem Kind nicht immer nach, denn dann wird es seine Trotzanfälle bald gezielt einsetzen (»fixierter Trotz«).

> Finden Sie einen Mittelweg und geben Sie Ihrem Kind nur dann nach, wenn es sich damit keinen Schaden zufügen kann.

Widersprüche

Das Trotzalter ist auch das Alter der Widersprüche, der Ambivalenz. Die Kleinen wollen groß sein und selbstständig etwas bewirken, haben gleichzeitig aber Angst davor. Es ist schwierig für sie, sich zu entscheiden. Etwa wenn Sie Ihr Kind fragen, ob es Apfel- oder Orangensaft möchte: Sobald es den Saft bekommt, bereut es seine Entscheidung und glaubt, in Wirklichkeit den anderen gewollt zu haben. Doch Sie müssen Ihrem Kind nicht alle Entscheidungen überlassen – seine Unzufriedenheit kommt nicht daher, dass Sie etwas falsch machen, und es will Sie auch nicht ärgern: Es orientiert sich in der Welt und macht wichtige Erfahrungen.

»Ich bin ich« – eine wichtige Erkenntnis

Zwischen eineinhalb und zweieinhalb Jahren findet diese oft so anstrengende Phase statt. Sie ist für Ihr Kind äußerst wichtig, denn es lernt sich von Ihnen zu lösen und entwickelt sein Selbstbewusstsein. Kinder lernen nun, dass sie Dinge willentlich und bewusst tun können. Sie sprechen immer häufiger in der Ich-Form, erkennen sich im Spiegel und auf Fotos und betrachten sich fasziniert.

GU-ERFOLGSTIPP   DAS »ICH-BUCH«

Kinder sehen sich liebend gern Fotos und alte »Kunstwerke« an: »Das war ich als Baby! Das habe ich gemalt!« Diese Betrachtungen wecken nicht nur Erinnerungen, sondern fördern auch die Entwicklung des Selbstbewusstseins und der Selbstwahrnehmung. Suchen Sie dafür einige Fotos aus der Babyzeit Ihres Kindes und kleben Sie diese auf festes, buntes Papier. Wenn Sie zwei Zeichnungen haben, kleben Sie diese so zusammen, dass auf beiden Seiten ein »Werk« zu sehen ist. Diese Seiten stecken Sie in eine feste Klarsichthülle oder laminieren sie. Jetzt brauchen Sie nur noch einen Ordner, in den Sie alles abheften: Familien- und Ausflugsfotos, Alltagsschnappschüsse (Baden, Kuscheln ...), Handabdrücke, gesammelte Blätter, Zauberbilder (Seite 95). Dieses »Ich-Buch« sollte übersichtlich, aber nicht zu voll werden und kann mit kurzen Texten ergänzt werden. Das »Ich-Buch« sollte – im Gegensatz zum echten Fotoalbum – jederzeit für Ihren Sprössling griffbereit stehen.

»Meins!« – Teilen lernen

In der emotionalen Entwicklungsphase des zweiten und dritten Lebensjahres lernen Kinder mit dem »Ich« auch das Wort »meins«. Ihnen wird bewusst, dass sie etwas besitzen: »Dieser Ball ist mein Ball.« Wenn ein anderer Eineinhalbjähriger den Ball sieht, hat auch er sofort den einzigen Wunsch, mit diesem Ball zu spielen. Er geht hin und nimmt ihn sich einfach – eine für einen Eineinhalbjährigen normale Handlung. Das »Opfer« meint aber, dass sein Ball ganz weg ist, für immer, und fängt an zu schreien!

»Opfer und Täter« ...

Sie fragen sich und diskutieren mit anderen Eltern, was bloß zu tun ist – einfach gewähren lassen, sich einmischen oder sogar strafen? Denken Sie daran: Keines der Kinder im Beispiel oben ist »böse« – weder der kleine Räuber noch der rechtmäßige Besitzer, der seinen Ball nicht teilen will. Erst gegen Ende des dritten Lebensjahres sind Kinder in der Lage, ihre Spielsachen mit anderen zu teilen. Doch zuerst müssen sie durch die Ich-Entwicklungsphase: »Ich bin ich. Ich habe Spielsachen. Meine Spielsachen bleiben meine, auch wenn ein anderes Kind damit spielt.« Das heißt: Vor dem Teilen kommt für die Kinder das Besitzen!

... brauchen Hilfestellung

Überlassen Sie Ihr Kind in solchen Situationen nicht seinem Schicksal. Beobachten Sie zuerst die Reaktionen beider Kinder. Wenn Sie das Gefühl haben, für den kleinen Ballbesitzer ist es in Ordnung, dass der Ball weg ist, brauchen Sie sich gar nicht einzumischen. Gibt es dagegen Gebrüll, ist es wichtig, dass Sie die Gefühle des »Opfers« deutlich machen und eventuell schlichten: »Schau, er ist sauer, weil du den Ball einfach weggenommen hast! Frag doch, ob du ihn haben kannst!« Sie können auch hinzufügen: »Gib du ihm doch als Tausch deinen bunten Ball!« oder »Ihr könnt ja zusammen spielen!« Solche Alternativreaktionen sind den Kindern nicht in die Wiege gelegt. Sie brauchen unsere Begleitung, um die sozialen Kompetenzen, die fürs Zusammenleben wichtig sind, zu erlernen, zu erproben und zu verinnerlichen.

TIPP

»Nein, nein!« – »Doch, doch!«: Wenn Kinder in die so genannte Autonomiephase kommen, ist das für Eltern meist sehr anstrengend. Trösten Sie sich am besten damit, dass es sich auch hierbei um eine (vorübergehende) Phase handelt, die für die Entwicklung Ihres Kindes von großer Bedeutung ist.

Geschwistereifersucht

**BOXSACK FÜR
TROTZKÖPFE**

Falls Sie einen Haken an
der Zimmerdecke haben,
können Sie einen Boxsack
ganz leicht herstellen: Eine
Stoff-Einkaufstüte mit Stoff-
resten füllen, zubinden, an
einer Schnur befestigen
und diese an den Haken
binden. Jetzt kann Ihr Kind
ganz allein und ohne Ge-
fahr boxen. Dabei wird nebenbei die Konzentration
geschult – und Spaß ist
immer dabei!

Wenn das Erstgeborene ein- bis zweieinhalb Jahre alt ist, besteht bei vielen Eltern der Wunsch nach einem Geschwisterkind oder die »Verstärkung« kündigt sich schon an. Das Zweijährige strei-chelt den immer runder werdenden Bauch der Mutter und spürt die Bewegungen des Babys: »Das Baby boxt mit mir – toll!« Sagen Sie Ihrem Kind aber nicht: »Du bekommst ein Geschwisterchen zum Spielen.« Damit würden Sie nur falsche Erwartungen we-cken: Mit dem Neugeborenen kann Ihr älteres Kind nicht spielen, und Krabbelbabys schubsen mühevoll gebaute Türme gern um!

Ich mag dich, ich mag dich nicht …

Besonders wenn Ihr Kind gerade seine Ich-Entwicklung durch-macht (siehe Seite 28), wird es von widersprüchlichen Gefühlen begleitet, wenn die Familie Zuwachs bekommt. Manche Kinder reagieren anfangs liebevoll und fürsorglich auf das kleine Baby. Doch schon nach einigen Wochen zeigt sich die Eifersucht in Sät-zen wie »Bring das Baby wieder weg!« oder »Wir brauchen kein Baby mehr!« Auch Beißen und Schlagen sind durchaus nichts Ungewöhnliches. Vielleicht können Sie Ihr Kind besser verstehen, wenn Sie sich vorstellen, Ihr Partner/Ihre Partnerin würde Ihnen eines Tages seine Geliebte/ihren Geliebten vorstellen und sagen:

GU-ERFOLGSTIPP   HAU DEN BALLON

»Trotzköpfen« oder von Geschwistereifer-sucht geplagten Kleinkindern hilft es, wenn sie ihrem Ärger Luft machen können! Dabei kann Luftballonboxen Wunder wirken, denn die Wut bekommt der Luftballon zu spüren – und nicht die Eltern oder das Geschwister-chen! Blasen Sie einen Luftballon zuerst ganz prall auf, lassen Sie dann die Luft ganz he-raus und blasen Sie ihn erneut auf – so platzt der Ballon nicht so leicht. Befestigen Sie ihn an einem Stab, der eine Luftballonhalterung hat, sodass der Luftballon-Boxsack gerade stehen bleibt. Sie halten den Stab, und das Boxen kann beginnen! Wer keinen Stab mit einer Haltevorrichtung (in Schreibwarenge-schäften erhältlich) hat, bindet den Ballon an einen Holzstab: Jetzt muss das müde Ding »hochgeboxt« werden.

Eifersüchtige Geschwister – was tun?

Eifersucht gegenüber dem Geschwisterchen wird als innere Krise bezeichnet. Sie kann sich in unterschiedlichen Verhaltensweisen (Bettnässen, Daumenlutschen, Baby sein wollen oder dem Versuch, dem Baby etwas anzutun) zeigen. Sie ist aber auch ein Hilferuf, dem Sie mit folgenden Verhaltensweisen begegnen sollten:

Dos für den Umgang mit dem älteren eifersüchtigen Geschwisterkind

Beziehen Sie Ihr Erstgeborenes immer wieder in die Babypflege mit ein: Auch wenn es dann länger dauert, lassen Sie Ihr »Großes« die Windel zumachen oder das Baby eincremen.

Vielleicht fällt Ihr älteres Kind jetzt selbst in alte Babygewohnheiten zurück, da es die widersprüchlichen Gefühle nicht los lassen. Es weiß jetzt nicht mehr: »Bin ich nun groß oder doch noch klein?« Viele Kinder verlangen in dieser Situation nach ihrem alten Schnuller und so manches zweijährige Kind möchte dann doch noch einmal wie das Geschwisterchen an Mamas Brust trinken. Lehnen Sie das nicht kategorisch ab, sondern gönnen Sie dem Großen zwischendurch diesen Genuss. Dabei geht es weniger ums Trinken selbst als um Zuneigung und Zärtlichkeit.

Zeigen Sie ihm Fotos aus seiner Babyzeit. Erzählen Sie, dass es den Strampelanzug, den jetzt das Geschwisterchen trägt, auch einmal anhatte ...

Don'ts für den Umgang mit dem älteren eifersüchtigen Geschwisterkind

Oft verwenden wir gegenüber den größeren Geschwistern Sätze, die die Eifersucht verschlimmern oder sie auslösen. Unser Tipp: Die folgenden Sätze aufschreiben, gut sichtbar aufhängen:

> Sei ruhig, das Baby schläft doch!
> Vorsicht, du tust ihm weh!
> Ich habe jetzt keine Zeit, ich muss erst noch das Baby füttern!
> Das Baby ist viel braver als du!
> Deine Schwester/dein Bruder ist doch kleiner als du!
> Was ist los, warum schreit das Baby? Was hast du gemacht?
> Gib das Spielzeug dem Baby, es ist kleiner als du!
> Du bist doch kein Baby mehr!
> Du kannst dem Baby noch nicht die Flasche geben, du bist zu klein!
> Geh bitte weg, das mache ich selbst!
> Du bist so groß, du brauchst keinen Schnuller mehr.
> Du kannst dich jetzt selbst anziehen.

»Sie/Er bleibt jetzt bei uns und du musst ihn ganz lieb haben.« Sicher wären auch Sie dann verletzt, schockiert, wütend ...!

Die zwei Fragealter

Kinder erkunden ihre Welt auch dadurch, dass sie den Erwachsenen die berühmten »Löcher in den Bauch« fragen. Das geht in der Regel in zwei Phasen vonstatten.

Das erste Fragealter: »Is'n des?«

Die Fragen der ersten Fragephase sind meist leicht zu beantworten. Das Kind hat jetzt die benennende Funktion der Sprache erkannt, es weiß also, dass alle Objekte einen Namen haben. Unermüdlich fragt es danach. Das kann natürlich nerven, vor allem wenn die Eineinhalbjährige der Mutter zum fünften Mal den Löffel zeigt und fragt: »Is'n des?« Versuchen Sie ruhig zu bleiben und zu antworten: »Das ist ein Löffel.« Ihr Kind braucht diese Wiederholungen, um das jeweilige Wort zu benutzen. Und keine Sorge, aus dem anfänglichen »Öffel« wird später der Löffel! Auch wichtig: Ihr Kind nervt Sie nicht bewusst. Die Fragerei ist vielmehr wichtig für seine Sprachentwicklung.

Das zweite Fragealter: Wieso, weshalb, warum?

Im zweiten Fragealter (es kann bis gegen Ende des Kindergartenalters dauern) sind Sie dann schon mehr gefordert, denn aus einer simplen Frage kann eine endlose Fragenkette entstehen: Ein Zweieinhalbjähriger will am Sonntag einkaufen gehen. »Will einkaufen.« – »Das geht nicht.« – »Warum nicht?« – »Weil heute Sonntag ist.« – »Warum?« – »Weil der Sonntag nach dem Samstag kommt.« – »Warum?« – »Weil dies die Reihenfolge der Wochentage ist: Montag, Dienstag, ...« – »Warum?«

Auch mit diesen Fragen will Ihr Kind Sie nicht ärgern, sondern es ordnet seine Welt. Dazu gehört auch, dass die Kinder Gefühle anderer Menschen hinterfragen: »Warum weint das Kind?« – »Vielleicht hat es sich weh getan.« Für Kinder im Kindergartenalter ist diese Fragerei allerdings manchmal auch einfach nur ein Spiel: Sie suchen und finden immer noch eine anschließende Warum-

---

MIT DEN KINDERN DAZULERNEN

Machen Sie sich darauf gefasst, dass Sie in der zweiten Frage-Phase nicht immer eine Antwort parat haben! »Warum kann das Flugzeug fliegen? Es hat keine Flügel, die flattern können.« Um ein ehrliches »Ich weiß es nicht« kommen Sie hier und in anderen Fällen wahrscheinlich nicht herum. Jetzt sind Bücher hilfreich (Seite 123), die solche Fragen altersgemäß beantworten. Und es macht riesigen Spaß, sich gemeinsam mit dem Kind »fortzubilden«!

Frage und haben einen Riesenspaß, wenn die Eltern zum Schluss sichtlich genervt nur noch das berühmte »Weil die Banane krumm ist« sagen können!

Sauberkeitserziehung: Stress mit dem Topf

Im Frühsommer, wenn der Kindergartenbesuch ab Herbst sich ankündigt, beginnt in vielen Familien der Stress: Die Windel muss bis August oder September weg, wenigstens tagsüber.

Als man noch mühsam Stoffwindeln waschen musste, wurden fast alle Babys schon kurz vor dem ersten Geburtstag auf den Topf gesetzt – oft mit dem erhofften Erfolg, der aber nur durch »Training« zustande kam und kein bewusster Akt der Kleinen war. Zudem hatten viele Kinder Rückfälle oder spielten mit ihrem Kot. Heute weiß man, dass Kinder erst ab dem 18. Lebensmonat bewusst spüren, dass Blase oder Darm voll sind. Doch auch dann sind anfangs Spüren und Loslassen zeitgleich: Ihr Kind hält kurz inne und sagt dann: »Pipi!« Schon ist es passiert! Es dauert noch, bis es Darm- und Blasenfunktion kontrollieren kann: den Druck spüren, den Topf aufsuchen, Hose(n) runterziehen, hinsetzen – und entspannt loslassen!

Lassen Sie Ihr Kind entscheiden, ab wann es den Topf benutzen will.

Ab wann der Topf?

Wenn Ihr Kind den Drang, Blase oder Darm zu entleeren, etwas kontrollieren kann und die Mittagsschlafwindel ab und zu trocken bleibt, sollten Sie den Topf oder einen Toilettenaufsatz besorgen. Ein weiteres Anzeichen für den Beginn der windelfreien Zeit: Ihr Kind beobachtet Sie mit Interesse beim Toilettengang. Oder es verlangt von sich aus nach einem Topf. Vielleicht kaufen Sie auch gleich einen Mini-Topf für den Teddy! In der Regel gelingt Ihrem Kind die Kontrolle des Darms übrigens früher als die der Blase.

Sommerzeit – windelfreie Zeit!

Viele Kinder werden in den Sommermonaten sauber und trocken, wie etwa der zweieinhalbjährige Andy, der im Campingurlaub stolz an einem Baum Wasser lassen durfte. Selbst wenn anfangs immer wieder etwas »in die Hose geht«, ist die nasse Hose nicht so unangenehm und gefährlich wie im Winter. Am besten ist es, wenn Ihr Kind im Garten oder im Urlaub viel nackt herumlaufen kann. So spürt es, dass beim Pipimachen etwas nass an den Beinen herunterläuft. Wenn das kleine oder große Geschäft im Topf landet, sollten Sie Ihr Kind loben. Es ist sein eigenes Produkt, auf das es stolz ist! Wenn Sie »Igitt!« rufen und den Topfinhalt sofort in der Toilette runterspülen, verunsichern Sie Ihr Kind nur. Möglicherweise weigert es sich, den Darminhalt herzugeben!

»Sauberwerden« und Trotzphase

Kinder, die zu streng erzogen werden und nichts allein entscheiden dürfen, behalten oft willentlich den Darminhalt zurück und leiden als Folge unter Verstopfung, die in diesem Fall nichts mit der Ernährung zu tun hat. Beugen Sie vor, indem Sie Ihr Kind entscheiden lassen, ab wann es den Topf benutzen kann und will. Und vergessen Sie nicht, es immer wieder dafür zu loben!

MANTSCHEN ALS MITTEL GEGEN VERSTOPFUNG

Eine Mutter berichtete, dass sie wegen der Verstopfung ihres dreieinhalbjährigen Sohnes beim Kinderarzt war. Mit der Ernährung schien alles in Ordnung zu sein. Der Arzt riet der Mutter, dem Kind viele Möglichkeiten zu geben mit Matsch, Fingerfarben und Knetmasse zu hantieren. Nun erzählte die besorgte Mutter, dass sie von früh bis spät mit Ihrem Sohn Würste knete und alles noch schlimmer geworden sei. Sie hatte unwillentlich das Thema Verstopfung voll in den Mittelpunkt gestellt und den Rat des Arztes im Übermaß befolgt. Leider hatte ihr der Arzt nicht gesagt, was hinter seiner durchaus sinnvollen Empfehlung steckte: Kinder brauchen in dieser Phase die Erfahrung, dass sie mal schmutzig sein können und dass sie etwas Eigenes produzieren dürfen, das nicht wie der Kot gleich weggeworfen wird. Doch übertreiben sollte man es damit auch nicht!

Sexualerziehung – schon jetzt?

Man muss nicht bei Adam und Eva beginnen, um zu sehen, wie sich die Sexualerziehung gewandelt hat – es reicht ein Ausflug ins 20. Jahrhundert. Während Sexualpädagogik im Brockhaus-Lexikon von 1924 noch als »Grundsätze und Maßnahmen der Eltern, der Schule und der Ärzteschaft, die Jugend vor den Gefahren des Geschlechtslebens zu bewahren« definiert wird, kam es in den 60er und 70er Jahren zum totalen Gegenteil: »Freie Sexualität« lautete die Forderung, bei der Gespräche über den Orgasmus so normal sein sollten wie der Austausch von Kochrezepten.

Heute wird Sexualerziehung als Erziehung zur Liebesfähigkeit verstanden. Dazu gehören Stichworte wie Liebe, Zärtlichkeit, Natürlichkeit, Intimität, Grenzen setzen, Respektieren des natürlichen Schamgefühls. Wir wissen heute, dass Kinder von Anfang an Sexualwesen sind: Sie haben Lustempfindungen, die mit unserer Erwachsensexualität jedoch nicht zu vergleichen sind. Heutige Sexualerziehung bejaht die sexuelle Entwicklung des Kleinkindes und nimmt seine sexuellen Äußerungen (etwa wenn es sich selbst Lust verschafft) und Fragen (»Mami, warum hast du keinen Penis?«) ernst. Je nach Alter sind unterschiedliche Körperbereiche Quellen für Lustempfindungen. Entsprechend werden die Phasen der sexuellen Entwicklung benannt.

Orale und kutane Phase

Das erste Lebensjahr wird auch als orale und kutane Phase bezeichnet. Das Baby empfindet Lust durch Saugen – nicht nur an der Mutterbrust. Früher sagte man »Wonnesaugen« dazu. Alles wird während dieser Zeit in den Mund genommen. Neben den Lustempfindungen beruhigt und befriedigt dies das Baby. Später, wenn etwa ein Geschwisterkind zur Welt kommt, fällt das ältere Kind oft auf diese Stufe zurück: Es lutscht wieder am Daumen. Durch »Vitamin Z(ärtlichkeit)« wird parallel dazu das Bedürfnis nach Hautkontakt (kutan) erfüllt. Dieses Bedürfnis bleibt lebenslang erhalten! Wenn diese erste Phase der sexuellen Entwicklung für das Baby glücklich verläuft, kann es Urvertrauen aufbauen, was für sein ganzes späteres Leben wichtig ist.

TIPP

»Psst, die Kinder!« Fast allen Eltern passiert es früher oder später, dass sie bei der Liebe von ihrem Sprössling ertappt werden. Schimpfen Sie nicht beziehungsweise erwecken Sie nicht den Eindruck, etwas Verbotenes getan zu haben.

Anale Phase

Im zweiten Lebensjahr beginnt die anale Phase, bei der die Ausscheidungsorgane zur Quelle von Lustgefühlen werden. Das Kind lernt jetzt willentlich Harn und Kot loszulassen oder festzuhalten (siehe Seite 33). Es möchte selbst entscheiden, wann es auf den Topf will. Dieser lustbetonte Vorgang des Loslassens und Festhaltens ist ein wichtiger Lernschritt auf dem Weg zur Selbstständigkeit. Eltern sollten den Begriff »Topftraining« also möglichst aus ihrem Sprachgebrauch streichen und stattdessen darauf achten, wann das Kind die entsprechenden Signale von sich aus sendet.

WICHTIG
Wird ein Kind geschimpft, wenn der Inhalt seiner Windel oder des Topfes stinkt, kann das übertriebene Schamhaftigkeit zur Folge haben – und das Sexualleben im Erwachsenalter beeinträchtigen. Das Kind bekommt das Gefühl: Alles was mit dem unteren Körperbereich zu tun hat, ist schmutzig.

Genitale Phase

Diese Phase beginnt in der Regel mit zweieinhalb bis drei Jahren, je nachdem, wann die Ich-Entwicklung abgeschlossen ist (Ende der Trotzphase, siehe Seite 27). Sie dauert bis zum Ende der Kindergartenzeit. Das Kind entdeckt jetzt bewusst seine Genitalien und stellt fest, dass diese lustspendende Zonen sind. Auch sein Interesse an fremden Körpern wächst. Es möchte andere Kinder und seine Eltern nackt sehen und beobachtet interessiert, dass Erwachsene anders aussehen als es selbst.

Sie müssen sich nicht extra für Ihr Kind ausziehen oder mit ihm zum FKK-Strand gehen. Im normalen Familienalltag gibt es immer wieder Gelegenheiten, dass Ihr Kind Sie ganz natürlich nackt sieht, etwa nach dem Duschen. Dabei lernt es ganz nebenbei, dass Nacktheit etwas vollkommen Natürliches und nichts »Unanständiges« oder Peinliches ist. Wenn Sie sich immer scheuen, sich Ihrem Kind ohne Kleidung zu zeigen, könnte es Ihnen gehen wie dem Papa der wissbegierigen zweijährigen Sabrina: Sie hatte ihren Papa noch nie nackt gesehen – durch seine eigene strenge Erziehung war er in dieser Beziehung eher gehemmt. Eines Tages »erwischte« Sabrina den nackten Papa doch mal auf dem Weg zur Dusche. Sie zeigte auf sein Geschlechtsteil und rief erstaunt: »Papa A-a haben!« Auch bewusstes lustvolles Onanieren (schon Säuglinge onanieren, aber zufällig) und Doktorspiele gehören in diese Phase. Sie müssen diese Verhaltensweise nicht bewusst fördern, aber wissen, dass das Onanieren normal ist.

Sprechen Sie mit Ihrem Kind

Die Fragen bezüglich Körperlichkeit und Sexualität im ersten Fragealter (siehe Seite 32), das meist mit der analen Phase zusammenfällt, sind noch ziemlich leicht zu beantworten: »Is'n des?« – »Das ist ein Tampon.« Die Fragen des zweiten Fragealters sind schwieriger. »Mami, du blutest. Bist du krank?« – »Nein, ich bin nicht krank, ich habe diese Blutung einmal im Monat. Alle Frauen haben sie. Man nennt sie Monatsblutung oder Periode.«

So lernt Ihr Kind Grenzen wahrzunehmen

Mit der Zeit lernt Ihr Kind, was zum intimen Bereich gehört: Es beobachtet zum Beispiel, dass Sie nicht nackt oder im Bikini zum Bäcker gehen. Ihre behutsamen Erklärungen helfen ihm ebenfalls, diese Grenze wahrzunehmen: »Ich habe gemerkt, du hast ein schönes Gefühl, beim Hoppe-Hoppe-Reiter-Spiel, das solltest du für dich selbst nur in deinem Zimmer machen. Ist ganz für dich.« Wenn Sie Ihrem Kind diese Unterschiede klarmachen, pas-

---

TIPP: Ein kleiner, aber feiner Unterschied

Erklären Sie Ihrem zweieinhalbjährigen Kind, dass es ein Mädchen ist und eine Scheide hat beziehungsweise ein Junge ist und einen Penis hat. Kinder beginnen in diesem Alter sich für das andere Geschlecht zu interessieren. Sie vergleichen sich und merken, dass bei den Jungs an einer gewissen Stelle etwas zu sehen ist, bei den Mädchen dagegen nicht. Ein Mädchen meint oft, ihr wächst »so was« nach. Ein Junge kann dagegen fürchten, dass ihm sein Penis weggenommen wird. Der Junge hat Angst vor Verletzung (siehe Seite 40) und muss sicher sein, dass ihm nichts weggenommen wird. Vermeiden Sie also bitte Scherze wie: »Gleich schnapp ich dir was weg!« Dass Mädchen es genau wissen wollen, zeigt das Beispiel der zweieinhalbjährigen Kathi: Drei Familien mit etwa gleichaltrigen Kindern grillten im Garten, es war heiß, die Kinder waren nackt. Kathi sah, wie ein Junge an den Baum pinkelte. Sie nahm sich ein Würstchen und stellte sich ebenfalls breitbeinig an den Baum; das Würstchen diente ihr dabei symbolisch als Penis.

Übrigens reichte ihr diese eine Erfahrung: Beim Hinhocken blieben im Gegensatz zur Variante mit Würstchen und Baum die Beine nämlich angenehm trocken!

siert es auch nicht mehr so leicht, dass es beim Einkaufen Ihre Bekannte fragt: »Mama hat Peribode. Du auch?«

Fragen gezielt beantworten

Eine Szene: Ein Vater mit zwei kleinen Söhnen in einem Wartezimmer. Eins der Kinder fragt: »Papa, warst du dabei, als ich in Mamas Bauch kam?« – »Ja , ich war dabei. Weiß du, es ist so …« Es folgen endlose Erläuterungen. Die Kinder spielen inzwischen weiter und hören nicht mehr zu. Doch der Vater erzählt und erzählt. Dabei wollte der Junge nur wissen, ob der Papa anwesend war – mehr nicht. Weitere Fragen wären später gekommen. Idealerweise versuchen Sie immer nur genau die Frage zu beantworten, die Ihr Kind gestellt hat. Ist das neue Wissen verdaut, kommt ohnehin die nächste Frage. Oder die gleiche noch mal, manchmal Wochen später, wenn das Kind sich in seinem Denken weiterentwickelt hat. Das Gleiche gilt natürlich auch für die wohl am meisten gefürchtete Frage: »Wie kam ich in deinen Bauch rein?«

Nicht alle Kinder fragen, aber alle haben Fragen!

Je früher Sie Ihrem Kind all diese Dinge erklären, umso leichter ist es! Zehnjährige fragen nicht mehr bei ihren Eltern nach, sondern eignen sich ihr Wissen auf dem Schulhof und im Freundeskreis an – dann aber leider meist in einer wenig respektvollen Sprache (siehe Kasten Seite 23)! Obwohl nicht alle Kinder direkt nachfragen, haben sie doch Fragen! »Wo war ich, als ich noch nicht hier war?« oder »Sind Sterne die Kinder des Mondes?« sind Hinweise darauf, dass Ihr Kleines wissen will, wie es in Mamis Bauch gekommen ist. Sehr behutsam können Sie auch »Türöffner« verwenden, etwa wenn eine Bekannte oder die Erzieherin schwanger ist: »Weißt du eigentlich, wie die Babys in den Bauch kommen?« Entsprechende Bilderbücher (siehe Buchtipps Seite 123) helfen Ihnen bei der kindgerechten Wortwahl.

Durch Fragen und Antworten entwickelt Ihr Kind sein Denken weiter.

Wie können wir sexuellem Missbrauch vorbeugen?

Sexualpädagogen wissen, dass unzureichend informierte Kinder eher zu Opfern von sexuellen Straftaten werden. Sie fordern, dass Kinder ihren Körper benennen können und spätestens zu Schulbeginn wissen, wie Babys in den Bauch kommen.

> Nehmen Sie die Gefühle Ihres Kindes ernst. Wenn Ihr fremdelndes Baby weint, weil Oma es auf den Arm nimmt, sagen Sie nicht: »Es ist doch nur Oma!« Sonst lernt Ihr Baby: »Mein Gefühl, meine Angst wird nicht ernst genommen.« Nehmen Sie Schmerzensäußerungen ernst. Sonst wird Ihnen Ihr Kind auch nichs von unangenehmen Berührungen, die es (durch einen Täter) erfährt, erzählen!

> Seien Sie allgemein nicht zu streng zu Ihrem Kind. Sonst traut es sich nicht mehr Ihnen zu erzählen, wenn jemand es »komisch« angefasst hat.

> Kinder dürfen »Nein« sagen, wenn es um Körperlichkeit und Nähe geht! Beispielsweise beim Kitzeln: Sobald Ihr Kind »Nein! Aufhören!« schreit, hören Sie auf. Auch wenn Sie wissen, dass es Sie gleich zum Weitermachen auffordert.

> Sprechen Sie mit Ihrem Kind über Berührungen: Manchmal ist Streicheln schön, ein andermal ist es komisch oder unangenehm. Anfangs braucht es Ihre Hilfe und Ihr Vorbild. Ein Beispiel: Ihr Kind sitzt im Einkaufswagen und wird von jemandem über den Kopf gestreichelt. Es sagt schüchtern »Nein, will nicht« – was aber überhört wird. Natürlich will die Person in den meisten Fällen Ihr Kind nicht sexuell missbrauchen. Sagen Sie dennoch laut und fest: »Nein, mein Kind möchte nicht gestreichelt werden!« So lernt es, dass ein selbstbewusstes »Nein« Wirkung hat.

> Bringen Sie Ihrem Kleinen bei, dass sein Körper ihm gehört. Lassen Sie es sich zum Beispiel selbst mit dem Waschlappen waschen, sobald es das kann.

> Oft beginnt Missbrauch mit »harmlosen« Streicheleinheiten. Hat Ihr Kind »Hunger« danach, lässt es sich eher darauf ein. Schmusen Sie also mit Ihrem Kleinen, streicheln Sie es ... aber nur, wenn es will. Zärtlichkeiten dürfen kein Muss sein!

> Die Täter fordern von ihren Opfern stets Geheimhaltung. Sprechen Sie über gute und schlechte Geheimnisse: Das Geburtstagsgeschenk für Mami darf man geheim halten – von unangenehmen Berührungen sollte man berichten!

> Weitere Informationen finden Sie in Büchern für Eltern und Kinder (Seite 123).

»Hilfe, ein Monster im Schrank!«

Angst – muss das sein? Diese Frage stellen sich viele Eltern. Sie haben gehofft, dass ihre Kinder, die sie partnerschaftlich, ohne Drohungen und Schläge erzogen haben, keine Ängste entwickeln würden. Grundsätzlich ist Angst eine sinnvolle Empfindung, man denke nur an unsere durchaus nützliche Angst vor dem Fallen, vor Lärm oder vor großer Höhe. Ebenso gibt es einige typische Kinderängste, die sich nicht vermeiden lassen. Sie sind ganz normale Phasen in der kindlichen Entwicklung und müssen – mit Ihrer Hilfe – durchgestanden werden (siehe auch Seite 43).

Kinderängste – den Erwachsenen oft ein Rätsel

Verglichen mit unseren Erwachsenenängsten, etwa vor Krankheit, Tod oder Arbeitslosigkeit, scheinen Kinderängste harmlos zu sein. Doch versuchen Sie sich zu erinnern, welche Ängste Sie als Kind hatten. Waren diese Gefühle nicht überaus bedrohlich, und erschien Ihnen das, wovor Sie Angst hatten, nicht sehr real?
Kinder kennen sich in der Welt noch wenig aus und können deshalb viele Aussagen und Sachverhalte nicht realistisch einordnen. So hört ein Kind etwa, wie Mama beim Tragen des Buggys im Treppenhaus stöhnt, dass die Schlepperei sie »kaputt macht«.

GU-ERFOLGSTIPP   EINEN »STELLVERTRETER« SPRECHEN LASSEN

Oft fällt es Kleinkindern leichter, Ängste zuzugeben, wenn sie sich indirekt äußern können – doch die Entschlüsslung eben dieser indirekten Botschaften fällt uns Erwachsenen manchmal sehr schwer. Dabei sollten wir mit diesen kleinen »Hilferufen« sensibel umgehen, wie dieses Beispiel zeigt: Die dreijährige Lea behauptete, ihr Teddy wolle nicht ins Bett. Nach einiger Überredung war das abendliche Ritual dann doch erledigt. Jetzt rief Lea aus dem Bett heraus, dass Teddy Angst vor der Dunkelheit habe. Zum Glück war Teddy einverstanden, das kleine Licht anzumachen. Angst vor der geschlossenen Tür hatte er auch. Kein Problem. Als Teddy aber Angst vorm Alleinsein hatte, waren die Eltern mit ihrem Latein fast am Ende! Die rettende Idee: Der kleine Bär hatte doch Lea, neben der er beruhigt schlafen konnte! Am Morgen verkündet Lea, dass Teddy jetzt keine Angst mehr habe.

Beim nächsten Mal hat das Kind dann Angst, dass Mama – wie ein selbst gebauter Turm – wirklich kaputtgehen könnte. Andere Kinder wollen aus so genannter Vernichtungsangst heraus nicht in die Badewanne: Sie fürchten, in den Abfluss gespült zu werden! Die gleiche Furcht gilt häufig der Toilette: »Mein Kot ist ein Teil von mir, also könnte auch ich verschwinden!«

Im Dunkeln wird die Mücke zum Elefanten

Fast alle Babys und Kleinkinder haben Angst, im Dunkeln allein zu sein, was eng mit der Trennungsangst zusammenhängt: Es ist dunkel, Mama und Papa sind nicht sichtbar – sie könnten ja für immer weg sein! Diese Form der Angst ist so schwierig, weil das Kind nicht genau sagen kann, wovor es sich eigentlich fürchtet – oder das, wovor es Angst hat, gibt es (für uns Erwachsene) nicht! Der Kleiderstapel auf dem Stuhl wird zum Monster, der sich leicht bewegende Vorhang zum Räuber. Unter dem Bett liegt das Krokodil und schnappt zu, wenn im Schlaf die Hand über die Bettkante hängt. Eine kleine Schubserei im Sandkasten nimmt im Albtraum furchterregende Ausmaße an! Die Angst vor einem Hund oder dem Staubsauger ist dagegen viel konkreter – deshalb kann man auch etwas dagegen unternehmen (etwa den bösen Staubsauger in den Schrank einsperren).

Manchen Kindern hilft es bereits, wenn ein kleines Licht im Zimmer brennt (wovor andere wiederum Angst haben, weil dadurch unheimliche Schatten entstehen). Oder Sie lassen die Tür zum Flur offen. Helfen Sie Ihrem Kind, indem Sie nachschauen und sich – eventuell gemeinsam – versichern, dass unterm Bett, im Schrank, hinter der Gardine kein Monster ist. Wenn Sie das böse Ungeheuer dagegen verjagen, kann das für den Moment zwar helfen, aber im Traum kann die Gestalt wieder auf den Plan treten: Der Papa hat schließlich auch Angst vor Monstern, also muss es sie geben! Und unter dem Bett liegt wirklich ein Krokodil!

Kleinkinder haben häufig Angst, sich zu verletzen. In diesem Fall helfen fast immer Zuwendung und ein Pflaster – auch bei unsichtbaren Wunden!

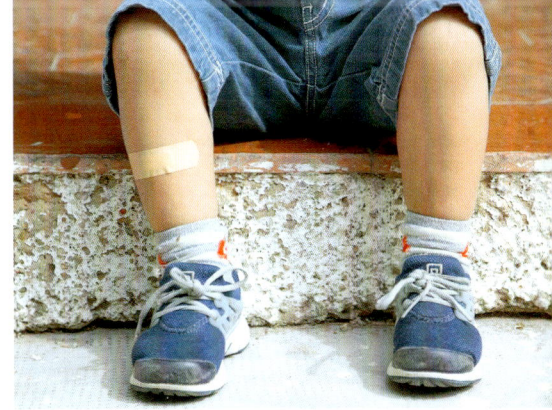

»Du böser Tisch!«

Kinder denken animalistisch, das heißt, sie empfinden Gegenstände als lebendige und Tiere als denkende Wesen: »Das Tischbein hat mir gerade mit Absicht weh getan!« oder »Der Türrahmen hat sich mir in den Weg gestellt, damit ich mir daran den Kopf stoße!« sind nur zwei von vielen Beispielen.

Dabei ist die Angst vor lauten Geräuschen in den ersten vier Jahren am stärksten. Das kann die Angst vor lauten Haushaltsgeräten sein, die sie oder ihr Spielzeug mit Absicht einsaugen, trockenschleudern oder gar zerhacken könnten. Dabei kommt es immer wieder vor, dass die angeborene reflexartige Reaktion auf plötzlichen Lärm übertragen wird: Etwa wenn ein kleines Mädchen mit seinem Teddy spielt und plötzlich ein Luftballon des älteren Geschwisterkindes nebenan platzt. Das Mädchen erschrickt und glaubt, der Bär sei der Verursacher. Plötzlich hat das Kind Angst vor seinem Teddy oder sogar vor allen Stofftieren! Auch in großen, laut bellenden Hunden sehen viele Kinder die bösen Gedanken, die die Hunde ihnen gegenüber hegen könnten!

Ängste der Konservativen

Besonders im zweiten und dritten Lebensjahr entwickeln Kinder tiefe Abhängigkeiten – an ihre Mami, an Papi, an die Wohnung, an ihr Bett, ihren Stuhl, ihr Schmusetuch … Sie wollen immer wieder das gleiche Lied vom Papa hören, und von der Mama muss es tagtäglich ein anderes sein. Der Spruch vor dem Essen muss sein, genauso wie das Gebet im Bett oder das Gespräch vor dem Einschlafen. Und wehe, es ändert sich etwas! Dann ist erst einmal Wut angesagt, gemischt mit Angst. Kinder in diesem Alter gelten deshalb als »konservativ«: Alles soll bitte so bleiben, wie es ist und immer schon war. Besonders schlimm ist es, wenn in diese Zeit der Wiederholungen ein Umzug fällt. Natürlich lässt er sich häufig nicht umgehen. Doch dann sollten Sie für Ihr Kind besonders behutsam vorgehen: Behalten Sie die (alten) Kindermöbel, ebenso den Großteil der anderen Möbel. Denn diese Gegenstände geben dem Kind trotz des Umzugs ein Gefühl von Beständigkeit und Sicherheit (siehe auch Kasten Seite 43).

HILFE, EINE FREMDE IN UNSEREM HAUS!

Die kleine Lena bekam einen Riesenschreck, als eine »fremde« Frau die Wohnung betrat: Ihre Mutter hatte beim Friseur ihre Haare kurz schneiden und färben lassen! Oder Christophs Mutter: Sie war längere Zeit im Bad. Als sie in die Küche kam, um etwas zu holen, erschrak er bei ihrem Anblick ganz fürchterlich: Die Frau hatte Gurkenscheiben auf dem Gesicht!

Was hilft gegen Ängste?

Die in diesem Kapitel beschriebenen Entwicklungsängste treten – mehr oder weniger ausgeprägt – bei neun von zehn Kindern auf. Im Normalfall entwachsen die Kinder ihren Ängsten, genau wie sie ihrem Spielzeug entwachsen. Sie können Ihrem Kind dabei helfen, dass seine Ängste sich nicht verfestigen.

Keine Angst vor der Angst!

Auch bei Ängsten ist es das Wichtigste, das Selbstbewusstsein des Kindes zu stärken. Sätze wie »So schlimm ist es doch nicht!«, »Stell dich nicht so an!«, »Sei kein Angsthase!« oder »Jetzt spinn doch nicht!« helfen nicht, sondern erniedrigen das Kind. Ernst nehmen, beruhigen und über das Gefürchtete reden, über eigene Kinderängste sprechen, gemeinsam Bilderbücher anschauen (siehe etwa Buchtipps Seite 123) – das hilft! Um ihre Ängste ab- und Selbstbewusstsein aufbauen zu können, brauchen Kleinkinder Geborgenheit, Liebe, Verständnis und das Gefühl des Angenommenseins. Achten Sie auch auf Ihr Vorbild: Wenn Sie bei jedem Donnerschlag zusammenzucken, ist das Nahrung für die Angst Ihres Kindes. Gemeinsam das Naturschauspiel zu bewundern, verringert auch Ihre Ängste vor dem Gewitter! Klappt das nicht, sollten Sie sich Hilfe von außen, etwa bei Erziehungsberatungsstellen, suchen (siehe Seite 123). Häufig reicht ein einziges Gespräch aus.

Rituale

Rituale helfen den »Dreikäsehochs«, ihren Alltag zu bewältigen: Vom Aufstehen bis zum Schlafengehen hat das Kind eine Vorstellung, was als Nächstes ungefähr geschieht. Kinder brauchen diese Rituale (etwa immer die gleiche Reihenfolge der Tätigkeiten morgens im Bad oder das abendliche Vorlesen), um Sicherheit und Vertrauen aufzubauen. Sie beugen damit Ängsten und Trotzanfällen vor. Zu starr dürfen diese Abläufe aber nicht sein, weil Ihr Kind sonst schon bei einer kleinen Veränderung völlig verwirrt ist. Rituale lassen sich aber auch gezielt bei Ängsten einsetzen. Hat Ihr Kind zum Beispiel Trennungsangst, lernt es mit der Zeit, dass der Abschiedskuss und das Winke-Winke bedeuten: »Ich komme wieder!« Oder viele Kinder haben Angst vor dem Haarewaschen. Machen Sie ein schönes Ritual zu Beginn des Badens daraus, bei dem Sie ihm, wenn es möchte, immer eine kleine Geschichte erzählen, zum Beispiel die vom wuscheligen Waschbär Waldemar.

Familienergänzende Betreuung – Oma oder Kinderkrippe?

WICHTIG

Auch wenn Sie sich gegen eine Berufstätigkeit entschieden haben: Bieten Sie Ihrem Kind Möglichkeiten, sich langsam von Ihrem sicheren Hafen zu entfernen. Lassen Sie es bewusst mal für zwei Stunden bei der Oma oder bei einer Freundin, die auch ein Kind hat. In den Eltern-Kind-Gruppen (wie PEKiP-Gruppen im ersten Lebensjahr) können die Kleinen in Anwesenheit der Mutter kleine Loslösungsversuche machen, etwa in der anderen Ecke mit einigen Kindern spielen.

Kaum ein anderes Thema wird in der Erziehung so emotional diskutiert wie die Erwerbstätigkeit der Mütter – über die Väter wird dabei kaum gesprochen. Der Begriff »Rabenmutter« macht arbeitenden Müttern oft das Leben schwer. Dabei bringt die Erwerbstätigkeit keinen Schaden für die Kinder, wenn für eine liebevolle Betreuung gesorgt ist. Eine Frau, die zufrieden mit ihrem Leben ist, egal ob als Hausfrau oder als Erwerbstätige, nimmt sich erwiesenermaßen viel lieber Zeit für ihr Kind – was großen Einfluss auf die Qualität der gemeinsamen Zeit hat. Wissenschaftliche Untersuchungen haben gezeigt, dass nicht die Menge der Zeit, die man mit dem eigenen Kind verbringt, dafür ausschlaggebend ist, wie gut der Kontakt ist. Für eine gute Bindung ist es wichtig, dass Sie sich bewusst Zeit zum Spielen nehmen und alles andere mal für eine halbe Stunde vergessen. Die Spiele in diesem Buch sind ideal, um die Bindung aufzubauen und zu festigen.

Welche Betreuungsform für mein Kind?

Haben Sie sich Gedanken über eine Betreuung gemacht und überlegt, welches die Betreuungsform für Ihr Kind sein könnte? Ganz wichtig: Die Betreuungsperson(en) sollten verlässlich die gleichen sein. Heute bei Oma, morgen bei der Tante und an zwei Tagen in der Kinderkrippe ist für viele Kinder zu stressig.

FLEXIBEL SCHON IM BABYALTER

Früher ging man davon aus, dass das wichtige emotionale Band, das man als Bindung bezeichnet, nur zwischen der leiblichen Mutter und ihrem Baby entstehen kann. Neuere Forschungsergebnisse belegen, dass Babys und Kleinkinder sich an zwei bis vier liebevoll zugewandte Personen binden können – und dass es sogar wichtig fürs Baby und Kleinkind ist, sich an mehrere Personen zu binden. Neben den Eltern können das etwa Oma, Opa, Tagesmutter oder Krippenerzieherin sein.

Oma und Opa

Oft helfen Oma und Opa bei der Betreuung. Der Vorteil: Sie sind in der Regel zeitlich flexibel und können Ihr Kind eventuell auch bei Ihnen zu Hause betreuen. Sie sollen aber sichergehen können, dass Ihre (Schwieger-)Eltern sich freiwillig Ihrem Kind widmen. Möglicherweise haben sie mit der Kindererziehung bereits abgeschlossen und wollen lieber ihre Ruhe haben. Wenn Sie nur aus Pflichtgefühl helfen, ist das zwischenzeitlich, jedoch nicht langfristig okay. Ebenso sollten unterschiedliche Erziehungsvorstellungen vorher abgeglichen werden – was nicht immer einfach ist.

Tagesmutter oder Freundin

Eine Tagesmutter darf bis zu fünf Kleinkinder betreuen – Ihr Kind hätte dort also auch Spielkameraden. Die meisten Tagesmütter können den Tagesablauf recht flexibel gestalten, was Ihrer Terminplanung entgegenkommt. Wenn Sie nur einen halben bis zwei Tage in der Woche arbeiten, bietet es sich vielleicht auch an, Ihr Kind zu einer Freundin zu bringen, die ein Kind in ungefähr gleichem Alter hat. Vielleicht ist sie Hausfrau oder arbeitet an zwei anderen Tagen, dann können Sie sich sofort revanchieren!

Kinderkrippe

Kinderkrippen gibt es meistens nur in größeren Städten. Außerdem ist es immer noch schwer, einen Platz zu bekommen! PEKiP®-Gruppenleiterinnen bieten auch vereinzelt in Kinderkrippen Gruppen für Eltern an, die ihre Kinder dort vormittags betreuen lassen. Viele engagierte Eltern gründen aber auch eine private Kindergruppe zur Betreuung ihrer Kinder. Hilfe bekommen Sie bei der Bundesarbeitsgemeinschaft Elterninitiativen (BAGE); Adresse siehe Seite 123.

Auslandshilfe

Natürlich kann auch ein Au-Pair-Mädchen aus dem Ausland die Betreuung des Kindes sowie leichte Hausarbeiten übernehmen. Da Au-Pair-Mädchen nur ein Jahr bleiben dürfen, ist hier aber keine konstante Betreuung gegeben.

GU-ERFOLGSTIPP
LANGSAME EINGEWÖHNUNG

Wenn sie wieder in den Beruf zurück möchten, sollten Sie genügend Zeit – normalerweise zwei bis vier Wochen – für die Eingewöhnung bei der Tagesmutter oder in der Krippe einplanen (bei Oma und Opa geht es schneller, weil Ihr Kind sie in der Regel öfter sieht). Besprechen Sie mit der Tagesmutter oder Erzieherin die genaue Vorgehensweise. Durch die langsame, schrittweise Eingewöhnung vermeiden Sie Rückfälle.

SPIELEND LERNEN

Miteinander spielen ist immer auch Voraussetzung für eine bewegte, spannende und geborgene Kindheit – was könnte es Schöneres für Eltern und Kinder geben!

Spielen und lernen
mit Mama und Papa

Die Spiele in diesem Kapitel stammen aus der langjährigen praktischen Erfahrung der Autorin, die sie in den von ihr geleiteten Eltern-Kind-Spielgruppen (Mini-Clubs) für Ein- bis Dreijährige sammeln konnte. Bei allen Spielen ist vor allem eines von großer Bedeutung: Die Kinder sollen dabei nicht passiv bewegt oder bespielt werden, sondern über die Spiele ausschließlich Anregungen erhalten, wie sie selbst aktiv werden können. Auf diese Weise profitieren sie erheblich mehr vom gemeinsamen Spiel.

Qualität statt Quantität

Für die (PEKiP-)Spiele im ersten Lebensjahr Ihres Babys haben Sie sich jeden Tag bewusst Zeit genommen. Das sollten Sie beibehalten, ob Sie nun arbeiten oder zu Hause sind. Dabei kommt es vor allem auf die Qualität der gemeinsamen Zeit an: Seien Sie lieber eine viertel oder halbe Stunde mit voller Aufmerksamkeit für Ihr Kind da, als sich stundenlang nebenbei mit ihm zu beschäftigen. So haben Sie beide mehr von der gemeinsamen Spielzeit.

Den Freundeskreis pflegen

Kleinkinder brauchen ebenso wie Babys andere Kinder als Spielpartner. Vielleicht treffen Sie sich regelmäßig mit Ihrer »alten« PEKiP-Gruppe oder besuchen einen Mini-Club oder eine Spielgruppe. Optimal wäre es, wenn Sie ein- bis zweimal pro Woche an der Gruppenstunde teilnehmen könnten. Da die meisten Eineinhalb- bis Zweijährigen in der Ich-Entwicklungsphase sind und das Teilen erst noch lernen müssen (siehe Seite 29), gibt es natürlich oft Streitereien! Doch das ist nicht schlimm. Mit Mama und Papa zu spielen ist sicher stressfreier, doch können wir Erwachsene beim Spielen auf keinen Fall Gleichaltrige ersetzen.

DIE ZIELE DER PEKIP-GRUPPEN IM ÜBERBLICK

Seit über 35 Jahren gibt es in Deutschland die Gruppen des Prager-Eltern-Kind-Programms (PEKiP) für Eltern mit ihren Babys ab der 4. bis 6. Woche bis zum sicheren Laufen (etwa ein Jahr). Dabei geben die PEKiP-Gruppenleiterinnen die vom Psychologen Dr. Jaroslav Koch in Prag entwickelten Spiel- und Bewegungsanregungen an Eltern und Kinder weiter. In Deutschland wurde das Konzept von Prof. Dr. Christa und Prof. Dr. Hans Ruppelt mit sechs weiteren Gründerinnen entwickelt.

Die Ziele der PEKiP-Gruppen im Überblick:
> Das Kind wird durch Bewegungs-, Sinnes- und Spielanregungen in seiner Entwicklung begleitet und gefördert.
> Die Beziehung zwischen Eltern und Kind wird gestärkt und vertieft.
> Erfahrungsaustausch und Kontakt zwischen den Eltern werden gefördert.
> Das Baby kann im vertrauten Rahmen Kontakt zu gleichaltrigen Kindern und zu den anderen Erwachsenen knüpfen.

Selbstständigkeit fördern

Ein weiterer Grundsatz der Spiele ist: So wenig Hilfe wie nötig, denn so lässt sich das Selbstbewusstsein fördern. Ihr Kind bekommt von Ihnen eine Idee, eine Anleitung, das Weitere macht es weitgehend selbst – oder später ganz allein. Ein Beispiel: Die Anregung zum Spiel »Bergsteigen« (siehe Seite 68) geben Sie. Nach einiger Zeit stellt Ihr Zweijähriges von sich aus die Stühle für das Spiel hintereinander auf und holt Sie, damit Sie es unterstützen. Und schon bald spielt es das Bergsteigerspiel stolz allein.

Spiel's noch mal, Baby!

Neue Erkenntnisse der Gehirnforschung zeigen, dass Wiederholungen Nahrung für die Intelligenz sind. »Hoppe, Hoppe, Reiter« zum hundertzwölften Mal zu singen mag für Sie langweilig sein – Ihr Kind freut sich jedoch immer wieder auf das »Plumps«! Versuchen Sie, immer etwa zur gleichen Tageszeit mit Ihrem Kind zu spielen; dann fiebert Ihr Kind dem gemeinsamen Spiel entgegen.

Beobachten, was heute angesagt ist

Ist Ihr Kind zum ruhigen Spielen aufgelegt oder möchte es wild toben? Oft passt beides in die gemeinsame Spielzeit: zuerst großmotorische Bewegung (etwa »Schubkarre fahren«, siehe Seite 69), anschließend gemütlich am Küchentisch mit Knetmasse Kunstwerke produzieren. Übrigens bietet auch die kleinste Wohnung genug Bewegungsfreiheit, wenn das Wetter schlecht ist. Manchmal will Ihr Kind aber auch einfach in seine Fantasiewelt abtauchen.

Bei jedem Wetter!

Ihr Kind sollte täglich draußen spielen können. Auch mit eigenem Garten sollte ein Spaziergang täglich ins Programm! Auch ein Regenspaziergang ist spannend und schön.

GU-ERFOLGSTIPP

GENUG BEWEGUNGSFREIHEIT

In den PEKiP-Gruppen sind die Babys im ausreichend großen warmen Raum nackt, denn Windeln und enge Kleidung behindern den Bewegungsdrang. Lassen Sie Ihr Kind deshalb auch zu Hause so oft wie möglich nackt sein, etwa nach dem Baden oder im sommerlichen Garten. Für die Bewegungsspiele brauchen Sie Ihr Kind nicht extra auszuziehen, das ergibt sich gelegentlich aus dem Spiel heraus. Achten Sie aber stets darauf, dass die Kleidung nicht einengt: In knallengen Hosen oder in Röcken klettert es sich schlecht! Wenn möglich sollte Ihr Kind für die Bewegungsspiele barfuß sein, ansonsten Antirutschsocken tragen.

Entwicklung bleibt spannend

Ihr Kind wird sich nie mehr so schnell entwickeln wie im ersten Jahr. Das heißt aber nicht, dass das »Größerwerden« an Spannung verliert und ohne Fragen abläuft ...

Mein Sohn (16 Monate) läuft nur an Möbeln entlang oder an der Hand. Ist das noch normal?

Jedes Kind hat sein individuelles Entwicklungstempo, das wir akzeptieren sollten. Läuft Ihr Sohn mit 18 bis 20 Monaten allerdings noch nicht selbstständig, fragen Sie Ihren Kinderarzt. Er kennt die »Entwicklungsgeschichte« Ihres Kindes. Trainieren Sie bitte nicht das Laufen an der Hand, sonst verliert Ihr Sohn seine Motivation, allein zu laufen!

Unsere Kinder sind 2,5 Jahre und 3 Monate alt. Können wir eine gemeinsame Spielstunde in den Alltag einbauen?

Für eine Spielstunde zu viert heizen Sie das Zimmer auf 26 bis 27 Grad auf, und auch Ihr Großes darf nackt sein. Suchen Sie für Ihr älteres Kind ruhigere Spiele wie »Konferenz der Tiere« (Seite 67) oder »Wasserflugzeug« (Seite 53) aus. Lassen Sie es mit dem Baby spielen, das stärkt sein Selbstbewusstsein. Auch getrennte Spielstunden sind wichtig: »Heute spiele ich mit Mama, und Papa spielt mit dem Baby!«

Unser Sohn (2,5) tobt nicht gern, dafür hört er lieber Geschichten. Sollten wir seine motorische Entwicklung fördern?

Kombinieren Sie spielerisch beide Entwicklungsbereiche! Viele Bewegungsspiele in diesem Buch eignen sich gut für kleine »Denker« und motivieren sie über die Sprache zur Bewegung, etwa »Die lebenden Luftballons« (Seite 77).

Wann sollten wir unserer 22 Monate alten Tochter erzählen, dass sie ein Geschwisterchen bekommt?

Wenn Ihr Bauch sichtlich immer runder wird und Boxbewegungen zu spüren sind. Zeigen Sie Ihrem Kind dann Fotos aus seiner eigenen Babyzeit – und von Ihnen, als es in Ihrem Bauch war: »Schau, da warst du in Mamas Bauch. Du hast auch geboxt!«

Schadet es unserem zweijährigen Sohn, wenn ich seiner fünfjährigen Schwester ein Aufklärungsbilderbuch vorlese?

Nein, keineswegs. Ihr Sohn wird nur Bruchteile verstehen. Fragen wird er dann stellen, wenn er in seiner kognitiven Entwicklung so weit ist.

Bewegungsspiele, die Spaß machen

Bewegung tut gut – und fördert die Gesamtentwicklung. Sie regt das Gehirn an, aktiviert das Herz-Kreislauf-System, stärkt die Muskeln, fördert die Geschicklichkeit, festigt Knochen und Gelenke – und hilft außerdem Übergewicht vorzubeugen. Bewegung an der frischen Luft fördert außerdem die Sauerstoffzufuhr – und macht wunderbar müde (ist also gut für den Schlaf). Dabei stehen Bewegungsentwicklung und Spaß im Vordergrund, ohne dabei die anderen Bereiche zu vernachlässigen.

Spiele für Krabbler und Läufer

Die Spiele auf den folgenden Seiten fördern vor allem die Entwicklung der Großmotorik (siehe ab Seite 13). Sie sind auch für Kinder gedacht, die noch nicht laufen können, aber die aufrechte Position bereits erreicht haben. Auch wenn Ihr Kind schon läuft, sollten Sie die Spielanleitungen durchlesen und verschiedene Spiele – wahrscheinlich mit viel Spaß – ausprobieren.

Wasserflugzeug

> › **Sie brauchen:** einen Wasserball, Durchmesser 40–50 cm, für Sie selbst einen Gymnastikball (wenn vorhanden).

> › **Gut für** das Gleichgewicht.

> › **So geht's:** Legen Sie sich bäuchlings auf den Gymnastikball. Brust und Bauch liegen auf dem Ball, die Beine sind gestreckt. Stützen Sie sich mit den Fußspitzen am Boden ab. Breiten Sie die Arme seitlich aus. Laden Sie Ihr Kind ein, das Gleiche auf seiner »(Ball-)Maschine« zu tun. Falls Sie keinen Gymnastikball haben, erklären Sie ihm: »Du bist ein Pilot, hoch über den Wolken ...«

> › **Und später?** Mit Ihrem älteren Kind können Sie sich über das nächste Flugziel unterhalten. Zwischenlandungen eignen sich für ein Laufspiel, etwa zum »Zwergerl-Fußball« (siehe Seite 60).

VARIANTE: Wie die »Wasservögel« mit den Armen flattern!

TIPP

Machen Sie beim »Fliegen« ruhig mit, das stärkt Ihren Rücken!

Hoch hinaus auf der Leiter

> › **Sie brauchen:** eine kleine Trittleiter.

> › **Gut fürs** Klettern und um neue Perspektiven zu entdecken.

> › **So geht's:** Anfangs wird Ihr Kind sich auf der unteren Stufe aufrichten, dann zum Boden zurückkehren. Irgendwann erreicht es die zweite Stufe und steht stolz darauf! Beim Heruntersteigen können Sie seine Hüfte und ein Bein sanft nach unten führen.

WICHTIG: Bleiben Sie immer neben der Leiter, ohne Ihr Kind festzuhalten. Sonst klettert es aus dieser Sicherheit höher, als es sich allein zutrauen würde. Räumen Sie die Leiter nach dem Spiel sofort weg!

Legen Sie den Teddy Ihres Kindes in die Kiste. Stolz fährt es seinen Passagier spazieren. Fast noch besser: Ihr Kind darf sich in die Kiste setzen, und Sie schieben es herum!

Kistenrennen

› **Sie brauchen:** einen, leeren stabilen Karton ohne Deckel (Höhe etwa 50 cm), gut geeignet ist eine Umzugskiste.

› **Gut fürs** Gleichgewicht und um unterschiedliche Schrittlängen auszuprobieren.

› **So geht's:** Stellen Sie den Karton in einem Raum auf, der etwas freie Bodenfläche bietet. Ihr Kind krabbelt sicher zum Karton und zieht sich daran hoch (oder es läuft dorthin). Nach und nach lernt es die Kiste zu schieben und wandert damit durchs Zimmer.

› **Und später?** Wettrennen mit dem Freund! Wer schiebt sein Auto schneller von einer Wand zur anderen?

Gassi gehen

› **Gut für** Koordination, Fantasie und Gleichgewicht.

› **So geht's:** Sie und Ihr Kind sind zwei Hunde beim Spaziergang: Sie krabbeln mal schnell, mal langsam durchs Zimmer, bellen mal laut, mal leise, beschnüffeln alle Ecken. Jetzt machen die Hunde Pipi! Sie stellen die Hinterpfoten auf und heben das Bein am Baum (Stuhl, Tisch ...): ganz schön wackelig!

Stau im Tunnel

› **Sie brauchen:** einen Krabbeltunnel (oder Decke und Tisch).

› **Gut fürs** geschickte Krabbeln und um die Vorstellungskraft weiterzuentwickeln.

› **So geht's:** Legen Sie den gekauften Tunnel (bleibt lange Zeit ein Lieblingsspielgerät!) auf den Boden oder die Decke so über den Tisch, dass dessen Längsseiten zu sind. Zeigen Sie Ihrem Kind, wie Sie durch den Tunnel krabbeln. Warten Sie am anderen Ende auf Ihr Kind, und locken Sie es wenn nötig mit einem Spielzeug.

› **Und später?** Als Schlange durch den Tunnel kriechen, als Elefant hindurchtrampeln, als Katze auf Samtpfoten durchlaufen oder als großer, laut bellender Hund durchflitzen!

Bauchball

> › **Sie brauchen:** einen Ball.

> › **Gut fürs** Konzentrieren und Zielen.

> › **So geht's:** Sie liegen bäuchlings mit etwas Abstand einander gegenüber auf den Boden. Rollen Sie den Ball zu Ihrem Kind und fordern Sie es auf, ihn zu stoppen und zu Ihnen zurückzurollen.

VARIANTE: Legen Sie sich so hin, dass Sie beide den Ball berühren können. Heben Sie ihn gemeinsam etwas nach oben – Ihr Kind bestimmt dabei die Höhe. Verharren Sie kurz in dieser Position (gut für Ihren Rücken!). Mehrere Male wiederholen.

TIPP

Ein schönes Spiel, wenn ein Freund Ihres Kindes zu Besuch ist.

Ballkutsche

> › **Sie brauchen:** einen Ball.

> › **Gut um** einen rollenden Ball zu stoppen und wegzuschubsen.

> › **So geht's:** Setzen Sie sich mit gegrätschten Beinen auf den Boden. Bitten Sie Ihr Kind, sich Ihnen gegenüber auch so hinzusetzen. Rollen Sie ihm den Ball zu. Mit »Stopp« und »Auf die Plätze, fertig, los« wird das Spiel noch spannender. Nach und nach erweitern Sie den Abstand zwischen Ihnen und Ihrem Kind.

VARIANTE: Ihre Fußsohlen und die Ihres Kindes berühren sich, Sie greifen die Hände Ihres Kindes. Nun schaukeln Sie im Rhythmus von »Ri, ra, rutsch« (siehe Seite 107) vor und zurück.

Tour de France

> › **Gut fürs** Gleichgewicht.

> **1** › **So geht's:** Setzen Sie sich mit Ihrem Kind barfuß gegenüber. Wählen Sie den Abstand so, dass Ihre Füße sich bei gebeugten Knien berühren. Stützen Sie sich beide mit den Händen nach hinten ab. Jetzt beginnt die Fahrradtour: anfangs langsam, später schnell, dann wieder langsamer, etwa am »Berg«! Nach einer Pause, in der Sie vielleicht in einem Bilderbuch blättern müssen, radeln Sie wieder nach Hause.

1 Auf großer Tour

TIPP

Wenn Ihr Kind es nicht schafft, auf Ihren Rücken zu klettern, legen Sie sich zunächst auf den Bauch; fordern Sie Ihr Kind auf, sich bäuchlings auf Ihren Rücken zu legen. Bleiben Sie eine Weile so, damit Ihr Kind sich daran gewöhnt, in dieser Position das Gleichgewicht zu halten. Und schon bald kann der Reitausflug beginnen.

Ross und Reiter

> › **Gut für** die Balance und Fantasie.

> › **So geht's:** Gehen Sie in den Kniestand und lassen Sie Ihr Kind wie einen Reiter auf Ihrem Rücken sitzen. Krabbeln Sie langsam los. Dabei können Sie mit einer Fantasiegeschichte erklären, wo Sie sich befinden (»da rechts ist der Spielplatz ...«).

> › **Und später?** Gegen Ende des dritten Lebensjahres will Ihr Kind auf Ihrem Rücken stehen. Traut sich das Pferd loszulaufen?

Handlauf

> › **Sie brauchen:** (Haus-)Schuhe für Sie und Ihr Kind, Stühle.

> › **Gut für** die Koordination, Überkreuzbewegung.

> › **So geht's:** Sie und Ihr Kind stecken Ihre Hände in die Schuhe. Im tapsigen »Bärengang« geht es nun auf Händen und Füßen durch die Wohnung, nach Belieben auch durch einen Stuhlparcours.

Fußkran

> › **Sie brauchen:** Tücher, Seile, Wurfkissen (Seite 115), Schüssel.

> › **Gut fürs** Gleichgewicht, Greifen mit den Zehen.

> › **So geht's:** Setzen Sie sich barfuß auf den Boden. Legen Sie Tücher, Seile und Kissen zwischen sich und Ihr Kind, dazu die Schüssel. Heben Sie mit den Zehen die Lasten in die Schüssel.

Kopfballtor!

> › **Sie brauchen:** einen leichten Ball (fußballgroß), 2 Stühle.

> › **Gut für** Koordination, Ausdauer, Kraftdosierung.

> › **So geht's:** Stellen Sie die Stühle als Torpfosten in ein Zimmer mit viel freier Fläche. Legen Sie den Ball 3 Meter vor das Tor. Ihr Kind versucht nun krabbelnd den Ball mit dem Kopf ins Tor zu bugsieren. Sie zählen laut die Versuche. Dann sind Sie dran!

Packesel

> **Sie brauchen:** kleine Wurfkissen (siehe Seite 115), flache Kissen.

> **Gut für** Konzentration, Koordination, Gleichgewicht.

> **So geht's:** Sie und Ihr Kind gehen in Krabbelstellung. Legen Sie je ein Wurfkissen auf Ihren Rücken und den Ihres Kindes (später kann es das selbst tun). Nun geht die Reise mit Gepäck los!

> **Und später?** Größere Kissen transportieren verlangt mehr Geschicklichkeit – macht aber Spaß: »Ich habe es allein geschafft!«

TIPP

Der Packesel ist ein tolles Spiel für den Kindergeburtstag oder wenn Freunde zu Besuch sind. Fairerweise sollten Sie dann jedoch gleichartige Kissen verwenden, damit alle Kinder den gleichen Schwierigkeitsgrad meistern müssen.

Wilde Hängematte

> **Sie brauchen:** eine Decke, einen zweiten Erwachsenen.

> **Gut fürs** Gleichgewicht und die Körperwahrnehmung.

> **So geht's:** Legen Sie die Decke auf den Boden und bitten Sie Ihr Kind, sich mit dem Rücken in die Mitte zu legen. Fassen Sie die Decke an den Ecken – Sie am Kopf-, Ihr Partner am Fußende – und heben Sie sie an. Schaukeln Sie zuerst langsam hin und her. Wenn es Ihrem Kind gefällt, können Sie etwas wilder schaukeln. Achten Sie aber immer darauf, wie Ihr Kind reagiert! Ganz wilde Kinder können am Ende sanft aufs Bett »geworfen« werden.

Deckenkarussell

> **Sie brauchen:** eine Decke.

> **Gut für** Körperwahrnehmung und Wonneangst.

1 > **So geht's:** Legen Sie die Decke auf einen glatten Fußboden. Bitten Sie Ihr Kind sich bäuchlings in die Mitte der Decke zu legen und sich mit den Händen gut festzukrallen. Sie fassen die Decke am Kopfende und ziehen sie langsam geradeaus: Ihr Kind lernt so das Festhalten. Dann erhöhen Sie das Tempo und bauen einige Kurven ein. Wenn Ihr Kind sicher liegt und sich gut festhält, drehen Sie die Decke nun auf der Stelle im Kreis (im Drehradius dürfen sich keine Möbel befinden). Anfangs geht's langsam; doch ältere Kinder mögen es gern wild.

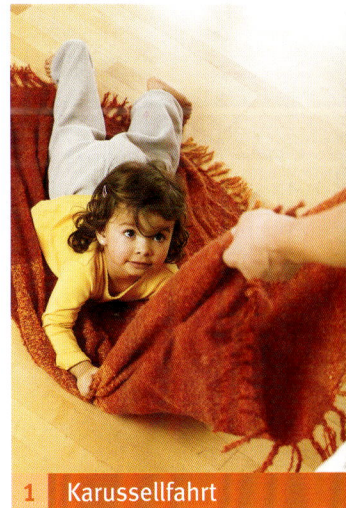

1 **Karussellfahrt**

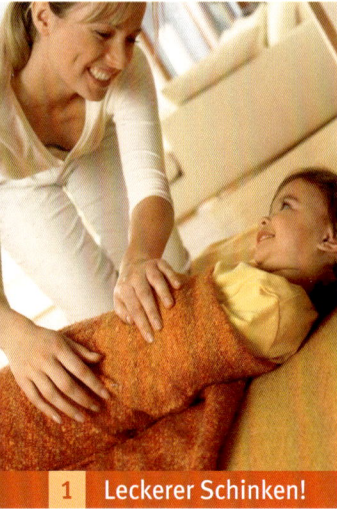

1 Leckerer Schinken!

TIPP

Sie sind Vegetarier? Dann
machen Sie aus der Schin-
ken- doch einfach eine
Pfannkuchenrolle!

Schinkenrolle

› **Sie brauchen:** eine Decke.

› **Gut fürs** Raumlage-Gefühl, Fantasie, Konzentration, Wonneangst.

1 › **So geht's:** Breiten Sie die Decke aus. Ihr Kind legt sich nun so mit dem Rücken darauf, dass sein Kopf über den Deckenrand ragt. Zeigen Sie ihm eventuell, wie das aussehen sollte. Die Decke stellt eine Schinkenscheibe dar, in die Ihr Kind eingerollt werden soll (nur der Kopf bleibt frei). Ihre Hände liegen dabei auf seinen Schultern und seiner Hüfte. Geben Sie der »Schinkenspezialität« immer wieder einen kleinen Schubs mit den Worten: »Rolle, Rolle, Schinken!« Achten Sie darauf, dass Ihr Kind die Rollbewegung weitgehend selbst ausführt. Um den leckeren Inhalt der Schinkenrolle zu verspeisen, müssen Sie sie öffnen!

› **Und später?** Ältere wollen auch den Kopf drinnen haben. Achtung: Schnell wieder ausrollen – also schnell essen! Lassen Sie sich auch mal einrollen.

Hubschrauber

› **Gut für** Körperwahrnehmung und Wonneangst.

› **So geht's:** Ihr Kind steht mit dem Rücken zu Ihnen. Fassen Sie es um den Oberkörper, indem Sie Ihre Arme unter seinen Achseln durchstecken. Nun startet der Hubschrauber: Sie drehen sich im Kreis, zuerst langsam, dann schneller. Bevor Ihnen schwindlig wird, legen Sie einen Zwischenstopp ein. Danach geht es mit einem Richtungswechsel weiter!

Linienflugzeug

› **Gut fürs** Körpergefühl und Gleichgewicht.

2 › **So geht's:** Setzen Sie sich mit leicht angewinkelten Beinen auf den Boden und legen Ihr Kind bäuchlings so auf Ihre Unterschenkel, dass seine Füße den Boden berühren. Halten Sie es unter seinen Achseln fest. Bewegen Sie sich in dieser Position nun langsam nach hinten, sodass Ihr Kind »abhebt«. Es sollte dabei die Arme wie Flügel ausbreiten, bis es zur Landebahn (Ausgangsposition) zurückgeht. Schon bald wird Ihr Kind beim Start mithelfen und sich mit den Füßen abstemmen.

› **Und später?** Sie können das Spiel auch mit einer Bauchlandung beenden: Lassen Sie Ihr Kind auf Ihren Bauch gleiten (nicht plumpsen!) und schmusen Sie bis zum nächsten Startversuch.

Zwerg und Riese

› **Gut für** Gleichgewicht und Konzentration.

› **So geht's:** Stellen Sie sich mit leicht geöffneten Beinen Ihrem Kind gegenüber und bitten Sie es, sich auf Ihre Füße zu stellen. Halten Sie seine Hände und gehen Sie nun einige Schritte rückwärts, sodass Ihr Kind vorwärts »läuft«. Gar nicht so einfach, dabei das Gleichgewicht zu halten!

2 **Jumbojet ruft Bodenstation!**

› **Und später?** Variieren Sie das Tempo und gehen Sie auch mal vorwärts. Oder Sie schaukeln seitlich hin und her und singen: »Große Uhren, kleine Uhren« (siehe Seite 108).

GU-ERFOLGSTIPP   SICHER ZU FUSS

In der Wohnung läuft Ihr Kind vielleicht schon sicher, doch draußen sind die Strecken länger und voller Stolpersteine! Ihr Kind braucht deshalb aus Sicherheitsgründen manchmal noch Ihre unterstützende Hand.
Wichtig ist, dass Sie seinen Arm dabei nicht nach oben ziehen. Er sollte vielmehr angewinkelt sein, damit Ihr Kind das Gleichgewicht selbst hält und das sichere Gehen übt. Dabei ebenfalls hilfreich: Lassen Sie Ihr Kind möglichst oft barfuß oder auf rutschfesten Socken laufen. Schuhe braucht es nur im Freien, um die Füße vor Kälte und Nässe zu schützen!

Laufspiele und Spiele für Läufer

Sobald Kinder laufen gelernt haben, probieren sie diese neue Fähigkeit begeistert überall aus. Achten Sie auf Gefahren (etwa Straßen und Treppen), aber lassen Sie Ihren kleinen Läufer überall »trainieren«, damit er vielfältige Erfahrungen sammeln kann. Die folgenden Spiele fördern mit viel Spaß das sichere Laufen.

Rückwärts einparken

› **Sie brauchen:** eine Matratze oder die unterste Stufe einer Treppe; einen niedrigen Kinderstuhl oder einen Hocker.

› **Gut fürs** Hinsetzen rückwärts.

› **So geht's:** Bitten Sie Ihr Kind, sich auf die Matratze (oder Stufe) zu setzen, was aufgrund der Breite gut gelingen wird! Stellen Sie Stuhl oder Hocker nun an die Längsseite des Kinder- oder Sofatischs. Ihr Kind kann sich an der Tischkante festhalten und sich mit Seitwärtsschritten hinsetzen. Nicht einfach, da es eine kleine Fläche treffen muss.

› **Und später?** Stellen Sie den Stuhl mitten ins Zimmer. Wenn sich Ihr Kind jetzt setzt, muss es einige Schritte rückwärts machen.

Zwergerl-Fußball

› **Sie brauchen:** einen Ball.

› **Gut um** das Gleichgewicht zu verlagern und in wechselndem Rhythmus zu laufen.

› **So geht's:** Zeigen Sie Ihrem Kind, wie Sie mit dem Fuß gegen einen Ball treten. Ihr Kind läuft wahrscheinlich tapsig zum Ball, macht kurz davor einen größeren Schritt und versucht, mit dem Fuß dagegenzutreten. Dabei kommt es aus seinem Laufrhythmus heraus und muss sein Gleichgewicht ausbalancieren, was für die Kleinen noch extrem schwierig ist.

GU-ERFOLGSTIPP

FÜHLSTRASSEN FÜR DIE FÜSSE

Lassen Sie Ihr Kind möglichst viel barfuß laufen: im Sommer auf Sand, Gras, Kies und Steinen, auf einem Baumstamm. Doch Fußerfahrungen lassen sich auch in der Wohnung sammeln. Bauen Sie dafür ab und zu eine Fühlstraße auf: saubere Fußabstreifer, Fell, wacklige Luftmatratze, Kokosmatte, künstlicher Rasen, ein Streifen Schleifpapier ... Dabei ist es egal, ob Ihr Kind krabbelt oder läuft – dann ist es eben eine Fühlstraße auch für die Hände! Und auch für Sie ist es eine Erfahrung, barfuß die unterschiedlichen Unterlagen zu spüren!

Zauberring

› **Sie brauchen:** einen 3 m langen Ring aus Hüpf-(Hosen-)gummi; einen Erwachsenen oder einige Kinder zum Mitspielen.

› **Gut fürs** Laufen – rückwärts, vorwärts und seitlich; für Fantasie und Sprachverständnis.

› **So geht's:** Legen Sie das Band als »geheimnisvollen Zauber-ring« auf den Boden. Alle Teilnehmer greifen das Band mit bei-den Händen und heben es hoch (Erwachsene etwa auf Kniehö-he, Kinder in Nabelhöhe). Nun streuen Sie imaginäres Zauber-salz in den Kreis und sagen »Hokus, Pokus, Fidibus, dreimal schwarzer Kater!« Jetzt laufen alle rückwärts, wodurch der Kreis durch die Zauberkraft immer größer wird! Beim Vorwärtslaufen versiegt die Magie. Jetzt ist wieder Zaubersalz gefragt!

Über Stock und Stein

› **Sie brauchen:** lange, niedrige, schmale Hindernisse (Besen-stiel, Staubsaugerschlauch, ein längs aufgerolltes Handtuch ...).

› **Gut fürs** Stufenübersteigen.

› **So geht's:** Legen Sie eines der Hindernisse auf den Boden. Wenn Ihr Kind das Hindernis überwinden will, muss es sein Bein höher anheben als beim normalen Gehen; das Laufen gerät ins Ungleichgewicht. Deswegen wird Ihr Kind bei den ersten Versu-chen wahrscheinlich noch Ihre unterstützende Hand suchen.

› **Und später?** Bauen Sie aus mehreren Hindernissen einen Par-cours, den Ihr Kind schon bald in Windeseile überwinden wird.

TIPP

Kinder üben im zweiten Lebensjahr gern Treppen-steigen – erst mit beiden Händen am Geländer, dann mit einer Hand. Und schon bald steigen sie ohne Hilfe nach oben (siehe Seite 14).

Auf Schmalspur

› **Sie brauchen:** für Laufanfänger einen langen Papierstreifen; später ein Bügelbrett oder eine längs gefaltete Decke.

› **Gut um** die Lauftechnik zu verfeinern.

› **So geht's:** Lassen Sie Ihr Kind zuerst an Ihrer Hand, später allein, aber unter Aufsicht auf den schmalen »Stegen« balancieren.

1   »Ball zu mir!«

Hin und her

> › **Sie brauchen:** einen Ball.

> › **Gut für** Gleichgewicht, Konzentration, Koordination und um Entfernung und Geschwindigkeit einzuschätzen.

1 > › **So geht's:** Sie und Ihr Kind stellen sich einen bis eineinhalb Meter entfernt mit dem Rücken zueinander, die Beine sind weit gegrätscht. Lassen Sie den Oberkörper nach vorn hängen und fordern Sie Ihr Kind auf dasselbe zu tun, sodass Sie sich durch die gegrätschten Beine sehen können. Rollen Sie Ihrem Kind den Ball durch Ihre Beine zu. Es fängt ihn und rollt ihn zurück. Mit der Zeit findet Ihr Kind heraus, wie kräftig es den Ball rollen muss.

Brücken bauen

> › **Sie brauchen:** ein kleines Spielzeugauto mit Fahrer, eine Isomatte oder einen Papierstreifen als »Straße«.

> › **Gut für** die Geschicklichkeit und Fantasie.

> › **So geht's:** Platzieren Sie die Straße auf dem Boden und legen Sie sich selbst bäuchlings quer über die Straße. Erklären Sie Ihrem Kind, dass über die Straße eine Brücke gebaut werden soll. Ihr Kind ist dabei der Brückenbauer, indem es Sie an der Taille hochzieht (was riesigen Spaß macht). Sie unterstützen es dabei natürlich und kommen in den Hand-Fuß-Stand. Jetzt kann es das Auto durchschieben und sogar selbst durchkrabbeln. Nun tauschen Sie die Rollen.

VARIANTE: Eine niedrigere Brücke entsteht, wenn Sie sich rückwärts hinlegen und sich mit Händen und Füßen hochdrücken.

Mir nach – ich bin der Boss!

> › **Gut fürs** sichere Gehen und Laufen.

> › **So geht's:** Sie und Ihr Kind laufen im Gänsemarsch. Den Takt geben Sie vor: kurze Schritte, lange Schritte, auf Zehenspitzen oder Fersen, in Kurven, rückwärts, seitlich, stampfen, stoppen … Dann tauschen Sie die Rollen, was besonders viel Spaß macht.

TIPP

Zu Beginn hilft es, wenn Sie näher zusammenstehen. Je besser das Fangen und Rollen dann klappt, umso größer kann die Entfernung und umso kleiner kann der Ball werden. Denn kleinere Bälle (etwa ein Tennisball) sind viel schwieriger zu fangen.

Kutschfahrt

> **Sie brauchen:** einen Hula-Hoop-Reifen oder ein Badehandtuch.

> **Gut um** die Geschwindigkeit anzupassen und auf Richtungs-
> wechsel zu reagieren.

> **So geht's:** Steigen Sie als Pferdchen in den Reifen und heben
> Sie ihn an. Ihr Kind steht als Kutscher hinter Ihnen und hält den
> Reifen mit beiden Händen oder Sie legen sich das zusammen-
> gerollte Handtuch um, sodass Ihr Kind die Enden greifen kann.
> Das Pferd gibt Tempo und Richtung vor, der Kutscher folgt.
> Trinkpausen und Rollentausch müssen sein!

Bambino-Formel-1

> **Sie brauchen:** zwei Hula-Hoop-Reifen.

> **Gut fürs** geschickte Laufen.

> **So geht's:** Steigen Sie in einen der Reifen und halten Sie ihn
> mit den Händen auf Bauchhöhe. Ihr Kind stellt sich in den an-
> deren Reifen, hebt ihn an und »Brumm, brumm – los geht die
> Rallye!«.

> **Und später?** Anfangs schleift der Reifen Ihres Kindes sicher
> hinter ihm auf dem Boden, doch schon bald kann es ihn oben
> halten.

Laut und leise!

> **Gut um** sich bewusst mal laut, mal leise
> zu bewegen.

> **So geht's:** Sie und Ihr Kind stehen sich
> gegenüber. Sie fragen: »Kannst du laut
> stampfen (laufen, hüpfen, tanzen, schlur-
> fen, krabbeln …)?« Nun stampfen Sie ganz
> laut, bis die Frage nach dem leisen Stamp-
> fen kommt. Na so was: Das ist ja viel
> schwieriger als das laute!

TIPP

Bei diesem, aber auch bei vielen anderen
Spielen liegt der Reiz für die Kinder unter anderem darin, dass sie den Erwachsenen etwas
vormachen dürfen. Die müssen dann – ganz
anders als im Alltag – nach der Pfeife der Kleinen tanzen. Nutzen Sie diesen Spaßfaktor und
machen Sie Ihr Kind immer wieder einmal zum
»Übungsleiter«, nach dessen Anleitung Mama
und Papa turnen.

1   Ganz schön schräg!

Auf der schiefen Bahn

> **Sie brauchen:** eine schiefe Ebene, etwa indem Sie ein Brett auf eine zusammengefaltete Decke legen.

> **Gut um** Schrittlänge und Tempo zu variieren und um später eine Rolle vorwärts zu machen.

1 > **So geht's:** Ihr Kind versucht, den »Gipfel« zu Fuß zu erklimmen, oben umzudrehen und wieder ins sichere Tal zu gelangen.

VARIANTE: Mit etwa zwei Jahren machen Kinder erste Purzelbaumversuche. Die schiefe Bahn ist da hilfreich: Legen Sie Ihr Kind mit dem Kopf nach unten bäuchlings aufs obere Ende. Nun soll es kleine Schritte vorwärts machen. Falls es den Bauch noch nicht selbst hebt, helfen Sie etwas nach. Ihre Hand auf dem Hinterkopf hilft ihm, den Kopf einzurollen: Schwups – der erste Purzelbaum!

Blindekuh

> **Sie brauchen:** ein weiches, helles Tuch.

> **Gut für** eine bewusste Körperwahrnehmung, für die Raum-Lage-Orientierung und das Selbstbewusstsein.

> **So geht's:** Sie und Ihr Kind schließen die Augen und schwanken im Stehen etwas hin und her. Dann drehen Sie sich beide mit geschlossenen Augen im Kreis. Ihr Kind wird dabei immer wieder die Augen öffnen, um sich zu orientieren. Nun ermuntern Sie es, mit geschlossenen Augen kleine Schritte zu machen (später Rückwärtslaufen). Zuletzt verbinden Sie die Augen Ihres Kindes mit dem Tuch. Bei den ersten Malen gehen Sie Hand in Hand.

WICHTIG
Ihr Kind muss wissen, dass es nur für dieses Spiel erlaubt ist, auf Möbel zu klettern!

Fang mich auf!

> **Sie brauchen:** einen Stuhl, eine Trittleiter oder einen Tisch.

> **Gut fürs** Selbstbewusstsein, für Wonneangst und Vertrauen.

> **So geht's:** Lassen Sie Ihr Kind auf Stuhl, Leiter oder Tisch steigen. Fordern Sie es auf, in Ihre Arme zu springen, die Sie ihm (zu Beginn aus einer kurzen Distanz) entgegenstrecken.

Wie komme ich runter?

› **Sie brauchen:** eine (3-teilige) Matratze.

› **Gut fürs** Herabsteigen von Stufen, fürs Abspringen und Landen mit beiden Beinen.

› **So geht's:** Legen Sie die Matratze auf den Boden. Je nach Entwicklungsstand steigt Ihr Kind darauf, stoppt an der Kante und steigt herunter. Viele Zweijährige möchten herunterspringen, zuerst noch an Ihrer Hand. Doch die Landung wird immer sicherer, sodass Sie bald zwei Matratzen stapeln können.

Mini-Limbo

2 Limbo für Leichtgewichte

› **Sie brauchen:** Besenstiel, Schnur oder langes Gummiband (Hosengummi) und eine zweite Person zum Halten.

› **Gut für** Körperwahrnehmung, Einschätzen der Höhe, Konzentration.

2 › **So geht's:** Halten Sie den Stiel so hoch, dass Ihr Kind gerade noch darunter herlaufen kann. Dann wird es bei jedem Durchgang etwas niedriger: Jetzt muss es den Kopf einziehen, sich später bücken, in die Hocke gehen und schließlich krabbeln.

VARIANTE 1: Eine weitere Person und Ihr Kind halten den Besenstiel und Sie gehen (in Original Limbo-Haltung?) durch. Zuerst steht Ihr Kind dabei auf einem Stuhl und hat einen Riesenspaß!

VARIANTE 2: Limbo von unten = Hindernislauf. Ihr Kind steigt über den Stock, erst knapp über dem Boden, dann immer höher.

WICHTIG

Lassen Sie Ihrem Kind nach jeder Frage ausreichend Zeit zum Überlegen. Machen Sie im Anschluss alle Bewegungen mit, denn dann macht das Spiel noch viel mehr Spaß. Lassen Sie aber so weit wie möglich Ihren kleinen Vorturner die Bewegungsideen vormachen, und geben Sie höchstens kleinere Anregungen.

Wie kannst du ...?

> **Gut für** Ganzkörperbewegungen, Konzentration, Fantasie und Sprachentwicklung.

> **So geht's:** Sie fragen Ihr Kind: »Wie kannst du dich fortbewegen?«, worauf es als Erstes losrennen wird. Haken Sie nach, was ihm noch einfällt, und helfen Sie ihm weiter: rückwärts/seitwärts laufen, krabbeln, hüpfen, rollen, wie eine Schlange kriechen ...

VARIANTE 1: Fragen Sie nun »Wie kannst du sitzen?« und geben Sie kleine Hinweise: mit gestreckten/angezogenen Beinen, mit seitlich gehobenen Armen; mit angehobenen Beinen und abgestützten Armen kann man auf dem Po sogar »Karussell fahren« ...

VARIANTE 2: »Wie kannst du stehen?«, lautet Ihre nächste Frage. Mögliche Antworten sind: gegrätscht, auf einem Bein, mit geschlossenen Augen, auf Zehenspitzen/Fersen, auf den Außen- und Innenkanten, mit nach außen oder nach innen gedrehten Füßen, mit gekreuzten Beinen, in Schrittstellung ...

Kleine Ballkünstler

> **Sie brauchen:** ein bis zwei kleinere Bälle und einen Wasserball; später einen Wäschekorb und/oder Hula-Hoop-Reifen.

> **Gut fürs** geschickte Zielen, Werfen und Fangen.

> **So geht's:** Sie und Ihr Kind stehen sich gegenüber. Zeigen Sie ihm, wie es seine Arme und Hände fürs Fangen halten soll: die Arme gestreckt, die Handflächen leicht nach oben, Hände etwas auseinander. Starten Sie mit dem nicht ganz aufgeblasenen Wasserball oder einem Igelball (siehe Seite 81), den Sie Ihrem Kind aus kurzer Distanz zuwerfen. Um den Ball zu fangen, muss Ihr Kind genau im richtigen Moment seine Hände bewegen. Hat Ihr Kind den Ball geschnappt, wirft es ihn zu Ihnen zurück.

VARIANTE: Lassen Sie Ihr Kind die Bälle in den Wäschekorb werfen (zuerst auf dem Boden, später dann in Kopfhöhe). Oder Ihr Kind wirft den Ball durch einen senkrecht gehaltenen Reifen.

WICHTIG: Nicht nur das Fangen ist für kleine Kinder schwer, auch das Werfen. Noch lange werfen die Kleinen den Ball von unten – erst mit drei Jahren gelingt der Wurf über den Kopf.

Konferenz der Tiere

> › **Sie brauchen:** einen Wasserball fürs Kind, einen Gymnastikball für Sie (ersatzweise einen Stuhl).

> › **Gut fürs** Gleichgewicht und die Fantasie.

1 › **So geht's:** Setzen Sie sich auf die Bälle (oder Sie auf den Stuhl) und üben Sie zuerst, das Gleichgewicht darauf zu halten. Dann fragen Sie: »Wie sieht ein Vogel aus?« und breiten als Lösung die Arme wie Flügel aus. Bei der Frage nach dem Hasen wandern die Hände hinter den Kopf als Ohren; beim Löwen werden die Arme als Mähne um den Kopf gelegt; der Elefant erhält einen Rüssel; der Affe kratzt sich am Kopf ...

1   Töröö – die Elefanten!

Der Herbststurm

> › **Sie brauchen:** ein Bettlaken (alternativ ein großes Stück leichten Stoff); einen Erwachsenen oder Spielkameraden zum Mitspielen.

> › **Gut für** die Konzentration und Fantasie.

> › **So geht's:** Legen Sie das Tuch auf den Boden. Alle Mitspieler greifen das Tuch, heben es etwas hoch und bewegen es leicht auf und ab: »Spürt Ihr wie der Wind kommt?« Natürlich nimmt die Windstärke und das Pfeifen des Windes immer mehr zu, sodass Sie auch lauter sprechen müssen. Dann fängt der Regen an zu prasseln: Alle trampeln laut mit den Füßen. Bis der Sturm abflacht: Das Tuch wird langsamer bewegt, bis es zu Boden sinkt.

VARIANTE: Falls viele mitmachen, kann immer ein Kind unter dem Tuch liegen oder sitzen. Schön, den Sturmwind zu spüren!

Geschicklichkeitsspiele

Die folgenden Spielideen eignen sich für gute Läufer und Kletterer ab etwa zwei Jahren. Sie bleiben bis weit ins Kindergartenalter hinein beliebt und viele davon sind gut für draußen geeignet.

Gekrönte Häupter

TIPP

Lassen Sie Ihr Kind verschiedene Gegenstände auch einmal auf der Schulter oder dem ausgestreckten Handrücken balancieren. Oder errichten Sie aus einer dreiteiligen Matratze eine Treppe. Hinauf- und Hinabsteigen und dabei »Haltung bewahren« ist gar nicht so einfach.

> › **Sie brauchen:** 2 Wurfkissen (siehe Seite 115).

> › **Gut für** Haltung, Geschicklichkeit und Balancieren.

> › **So geht's:** Legen Sie sich ein Kissen auf den Kopf, balancieren Sie das Gewicht mit den Armen seitlich aus und laufen Sie damit herum. Geben Sie Ihrem Kind ein Kissen, das es sich auf den Kopf legt. Nun können Sie gemeinsam Ihre »Kronen« spazieren tragen. Überlegen Sie, was sich sonst noch auf dem Kopf tragen lässt.

> › **Und später?** Kombinieren Sie das Spiel mit »Auf Schmalspur« (siehe Seite 61). Oder Sie bauen einen Parcours (siehe Seite 61).

Von Stein zu Stein

> › **Sie brauchen:** Bierdeckel, große flache (Ziegel-)Steine, eine Decke.

> › **Gut fürs** Gleichgewicht.

> › **So geht's:** Legen Sie die Decke als Fluss auf den Boden. Verteilen Sie Bierdeckel und Steine als Tritte darauf. So kann Ihr Kind von Tritt zu Tritt trockenen Fußes den Fluss überqueren. Wenn Sie später den Abstand der Tritte vergrößern, muss Ihr Kind springen!

TIPP: Natürlich ist das Original am besten: In der warmen Jahreszeit kann Ihr Kind im Bach barfuß von Stein zu Stein balancieren.

Bergsteigen

> › **Sie brauchen:** 4 bis 5 stabile Kinderstühle.

> › **Gut fürs** Gleichgewicht und die Fantasie.

> › **So geht's:** Stellen Sie die Stühle ohne Abstand hintereinander auf. Die Lehnen sind die Berge, die es zu überklettern gilt.

› Lassen Sie Ihr Kind auf die Sitzfläche des vordersten Stuhls klettern. Wie kommt es nun über die Berge (Lehnen)? Zuerst noch mit Ihrer helfenden Hand klettert es ans Ende und springt (zuerst mit Ihrer Hilfe) vom Stuhl ab – die nächste Runde kann beginnen.

› **Und später?** Zuerst halten sich Kinder noch an den Lehnen fest. Doch die meisten Dreijährigen steigen bereits freihändig darüber.

Eimerlauf

› **Sie brauchen:** 4 bis 5 etwa gleich große (Putz-)Eimer.

› **Gut fürs** Gleichgewicht.

› **So geht's:** Stellen Sie die Eimer so hintereinander auf, dass Ihr Kind von einem Eimer auf den anderen steigen kann. Wie beim »Bergsteigen« brauchen Kleinere zuerst eine helfende Hand. Wenn Ihr Kind es ohne Ihre Hand schafft, können Sie immer wieder schnell den hintersten Eimer nach vorn stellen und so ein kleines Wettrennen mit Ihrem Kind veranstalten.

TIPP

Später verwenden Sie unterschiedlich hohe Eimer, die Sie in größeren und kleineren Abstände aufstellen. Immer wichtig: Der Boden muss absolut rutschfest sein, ideal sind deshalb Teppich oder Gras als Untergrund!

Schubkarre fahren

› **Gut für** Muskulatur, Gleichgewicht und Fantasie.

1 › **So geht's:** Bitten Sie Ihr Kind, sich bäuchlings auf den Boden zu legen. Da es nun eine Schubkarre ist, schichten Sie auf seinen Rücken einen »Laubhaufen« auf. Um die Schubkarre wegzufahren, umfassen Sie seine Unterschenkel (anfangs eventuell die Oberschenkel) und heben die »Schubkarre« an. Ihr Kind geht nun in den Unterarmstütz und »fährt« so zum Komposthaufen, wo abgeladen wird. Dann geht es zurück für die nächste Runde.

VARIANTE: Überlegen Sie gemeinsam, was alles mit der Schubkarre transportiert werden kann – auch der Teddy kann mitfahren!

1 **Eine fröhliche Schubkarre!**

TIPP

Kein Wurfkissen, wenig Zeit und dennoch Lust aufs Eishockeyspielen? Dann stecken Sie einfach zwei Söckchen ineinander – fertig ist der Minipuck.

Eishockey für Einsteiger

> **Sie brauchen:** Wurfkissen (Seite 115), Stock, glatten Boden.

> **Gut für** die Hand-Augen-Koordination und Zielsicherheit.

> **So geht's:** Legen Sie das Säckchen auf den glatten Boden. Ihr Kind bekommt den Stock mit der Frage: »Kannst du das Säckchen mit dem Stock (unter den Tisch, hinters Sofa ...) bewegen?« Wenn Ihr Kind möchte, kann es das Wurfkissen aber auch mit der Hand schleudern.

Liegestütz für Einsteiger

> **Gut für** die Kräftigung der Armmuskeln.

1 > **So geht's:** Machen Sie selbst einige Liegestütze, damit Ihr Kind sieht, wie es geht. Für seinen ersten Liegestütz legt sich Ihr Kind auf den Bauch. Sie fassen so um seinen Brustkorb, dass Ihre Daumen auf seinem Rücken, die Finger gespreizt auf seinem Brustkorb liegen (Schalengriff). Heben Sie Ihr Kind etwas an. Vielleicht stemmt es sich bald schon mit Händen und Zehen ab. Helfen Sie ihm aber nur so weit wie nötig! Runter geht's allein, wobei es Ihrem Kind erst viel später gelingt, kurz vor dem Boden zu stoppen. Noch mehr Spaß macht's, wenn der Teddy unten durch krabbelt.

Schneidersitz

> **Gut fürs** Gleichgewicht.

> **So geht's:** Setzen Sie sich neben Ihrem Kind so auf den Boden, dass Sie beide in die gleiche Richtung schauen. Gehen Sie nun in den Schneidersitz – was Ihr Kleines sicher gleich nachahmen wird. Welches Bein wohin kommt, ist ihm anfangs noch nicht ganz klar – doch nach und nach klappt das immer besser. Dann flattern Sie mit den Armen auf und ab wie ein Schmetterling oder Sie schaukeln wie ein Boot im Sturm hin und her (der Teddy kann dann als Passagier auf dem Schoß Ihres Kindes Platz nehmen).

Dosen-Kegeln

› **Sie brauchen:** einen Ball, leere Blechdosen (scharfe Kanten der Dosen bitte mit Isolierband abkleben, alternativ Plastikflaschen).

› **Gut für** die Hand-Augen-Koordination.

› **So geht's:** Bauen Sie aus den Dosen gemeinsam einen nach oben kleiner werdenden Turm. Nun zeigen Sie Ihrem kleinen »Kegelbruder«, wie man den Ball (anfangs mit geringem Abstand) rollen muss, damit der Dosenturm mit Getöse umfällt. Später kann Ihr Kind aus ein bis zwei Metern Abstand selbstständig kegeln und den Turm allein wieder aufbauen.

Tarzan und Jane

› **Sie brauchen:** einen Besenstiel, eine Person zum Mitspielen.

› **Gut für** die Armmuskulatur und Geschicklichkeit.

2 › **So geht's:** Halten Sie mit Ihrem Spielpartner die »Turnstange« so hoch, dass Ihr Kind (ab etwa zwei Jahren) sich daran festhalten kann. Heben Sie die Stange mitsamt Kind so hoch, dass seine Füße etwa zehn Zentimeter über dem Boden sind. Ermuntern Sie es, die Beine anzuziehen, zu schaukeln und abzuspringen.

TIPP

Ängstliche Kinder können Bodenkontakt halten und so hin und her schaukeln.

1 Mini-Liegestütz

2 Ich Jane … und du?

Konzentrations- und Spannungsspiele

Ab jetzt ist Konzentration gefordert. Voller Spannung (kaum aus-
zuhaltender Wonneangst) warten Zweijährige in ihrem Versteck
darauf, gefunden zu werden. Eines der ersten beliebten »Span-
nungs-Entspannungs-Spiele« ist übrigens das Kuckuck-Spiel, bei
dem ein Tuch über den Kopf gelegt und weggezogen wird!

Luftballons aus der Decke

TIPP

Bälle und Ballons in jeder
Form üben eine große An-
ziehungskraft auf Kinder
aus. Dabei ist es fast egal,
ob Sie mithilfe einer Decke
in die Luft geschleudert,
oder mit einem »Auf die
Plätze, fertig, los ...« aus
einem Wäschekorb oder
einem Körbchen purzeln.
Wichtig ist für die Kleinen,
dass sie den fliegenden
Bällen hinterherflitzen und
sie einfangen dürfen.

› **Sie brauchen:** Decke, aufgeblasene Ballons, eine weitere Person.

› **Gut für** die Schnelligkeit.

› **So geht's:** Legen Sie die Decke auf den Boden und platzieren Sie einige Luftballons in der Mitte. Sie und Ihr Spielpartner heben die Decke an den Ecken vorsichtig an und sagen leise: »Auf die Plätze, fertig ...«, dann ganz laut: »... los!« Geben Sie der Decke einen kräftigen Ruck nach oben. Die Luftballons fliegen durchs Zimmer- und Ihr Kind rennt hinterher und holt sie. Lassen Sie Ihr Kind die Ballons fürs nächste Mal direkt auf die Decke werfen.

VARIANTE: Das Spiel funktioniert auch mit einem Handtuch und selbst gebastelten Schneebällen (Seite 117) oder Wattebäuschen. Das braucht weniger Platz und ist ohne Partner zu realisieren.

Raketenstart

› **Sie brauchen:** einen Luftballon.

› **Gut für** Schnelligkeit und Raumorientierung.

› **So geht's:** Setzen Sie sich mit Ihrem Kind auf den Boden. Bla-sen Sie den Ballon auf, ohne ihn zuzuknoten. Halten Sie die »Ra-kete« fest und geben Sie das Startkommando: »Auf die Plätze, fertig, los!« Die Rakete düst ab – Ihr Kind hinterher.

Apfelernte

› **Sie brauchen:** einen Wäschekorb mit verschieden großen Bällen.

› **Gut für** Schnelligkeit und das Werfen.

> **So geht's:** Stellen Sie den Korb in die Mitte des Raumes. Nehmen Sie die Bälle aus dem Korb und werfen Sie sie langsam und nicht zu weit mit den Worten: »Schnell einsammeln, der Korb darf nie leer werden!« Später tauschen Sie und Ihr Kind die Rollen.

Wo tickt es?

> **Sie brauchen:** einen laut tickenden Wecker oder eine Spieluhr.

> **Gut für** den Gehörsinn und um einem Klang zu folgen.

> **So geht's:** Lauschen Sie gemeinsam dem Ticken/Lied: erst ganz nah, dann etwas weiter weg. Verstecken Sie Wecker oder Spieluhr in einem anderen Zimmer und suchen Sie gemeinsam: »Horch, wo ist die Uhr? – Da ist die Uhr!« Und wo ist Mama? Der Übergang zum Versteckspiel kann hier fließend sein …

Bei Beifall Bauchlandung

> **Sie brauchen:** einige Mitspieler (auch Kinder), denn dann ist es am lustigsten; aber auch mit zwei Spielern möglich.

> **Gut für** die Konzentration und das Reaktionsvermögen.

> **So geht's:** Ein Erwachsener ist der Spielleiter, alle anderen laufen im Raum umher. Wenn der Spielleiter klatscht, legen sich alle schnell auf den Bauch. Antäuschen ist natürlich auch erlaubt!

Memory für die Kleinsten

> **Sie brauchen:** 3 Plastikbecher und ein kleines Spielzeug.

> **Gut fürs** Erinnerungsvermögen, Gedächtnis.

1 > **So geht's:** Stellen Sie die Becher vor Ihr Kind. Legen Sie das Spielzeug vor seinen Augen unter einen der Becher und fragen Sie, wo es versteckt ist. Sie können auch mal auf den »falschen« Becher zeigen und fragen: »Ist die Ente da?« – »Nein!« Später legen Sie unter jeden Becher ein anderes Spielzeug und fragen jeweils danach. Ab etwa drei Jahren verstecken Sie ein Spielzeug unter einem Becher, verschieben ihn und fragen dann danach.

TIPP

Wer sagt, dass »Stopptanzen« noch nichts für Zweijährige ist? Für das »Musik-an-Musik-aus-Spiel« brauchen Sie nur einen Kassettenrecorder mit Kindermusik. Ihr Kind wird schnell verstehen, dass es tanzen soll, wenn die Musik erklingt, und man still steht, sobald diese aufhört. Das macht Spaß und ist gut fürs Rhythmusgefühl.

1 Gemerkt!

Wasserexperimente

› **Sie brauchen:** 2 Becher auf einem Tablett, in einem ist Wasser.

› **Gut für** die Geschicklichkeit.

› **So geht's:** Zeigen Sie Ihrem Kind, wie man Wasser von Becher zu Becher gießt. Nach und nach wird Ihr Kind immer geschickter. Auch ein tolles Spiel für die Badewanne oder den Sandkasten!

Was ist das?

› **Sie brauchen:** Postkarten, Bierdeckel oder Ähnliches aus Karton.

› **Gut fürs** Körperbewusstsein und Sprachverständnis.

› **So geht's:** Ihr Kind liegt auf dem Rücken. Legen Sie eine Karte auf seinen Bauch und fragen Sie: »Auf welchem Körperteil liegt die Karte?« Platzieren Sie die restlichen Karten nacheinander auf Stirn, Oberschenkel, Oberarm, Hand, Brust, Schulter ... Wenn Ihr Kind sich nicht mehr konzentrieren kann oder es ihm zu viel wird, bewegt es sich, sodass alle Karten herunterfallen. Kitzeln Sie es, schmusen und lachen Sie mit ihm: Das bringt Energie für neue Konzentration, und das Spiel beginnt – vielleicht mit verteilten Rollen – von vorn!

Meine Hand – deine Hand

TIPP

Handumrisse und -abdrücke auf Tonpapier sind ein prima Mitbringsel für Oma und Opa!

› **Sie brauchen:** Papier, Stifte.

› **Gut für** Vorstellungskraft, Körpergefühl, »Ich bin ich«-Bewusstsein.

› **So geht's:** Legen Sie Ihre Hand mit gespreizten Fingern auf das Papier und zeichnen Sie die Konturen nach. Bitten Sie Ihr Kind, nun seine Hand aufs Papier zu legen, und zeichnen Sie seine Handkonturen ab. Ihrem Eineinhalb- bis Zweijährigen erklären Sie »Mamas Hand – Annas Hand«, gleich danach: »meine Hand – deine Hand«. Das funktioniert natürlich auch mit den Füßen!

VARIANTE: Zeichnen Sie die Fuß- und Handumrisse aller Familienmitglieder auf zwei große Plakate. Hängen Sie sie auf und fragen Sie Ihr Kind ab und zu, wem welche Hand, welcher Fuß gehört.

Was fehlt?

> **Sie brauchen:** 3 kleine Alltagsgegenstände (etwa Spielzeug, Wäscheklammer, kleiner Kamm); ein blickdichtes Tuch.

> **Gut fürs** Gedächtnis.

> **So geht's:** Bitten Sie Ihr Kind, die Gegenstände zu benennen. Verstecken Sie die Gegenstände und eine Hand unter dem Zaubertuch. Mit der anderen Hand streuen Sie »Zaubersalz« darauf. Mit einem »Hokus, Pokus, Fidibus – eins ist weg!« lüften Sie das Tuch. Jetzt sind nur noch zwei Gegenstände da, der dritte ist unter Ihrer Hand verborgen. Fragen Sie, welcher Gegenstand fehlt. Je älter Ihr Kind ist, umso mehr Gegenstände können mitspielen.

TIPP

Eierlaufen hat schon unseren Großeltern Spaß gemacht – und damals wie heute das Gleichgewicht geschult. Lassen Sie Ihr Kind mit Plastikeiern oder Wattebäuschen wilde Rennen veranstalten, bevor es mit echten Eiern losläuft.

Ballwippe

> **Sie brauchen:** einen weichen Ball aus Stoff oder Schaumstoff.

> **Gut für** die Körperbeherrschung und das Gleichgewicht.

> **So geht's:** Ihr Kind liegt auf dem Rücken, die Beine sind gestreckt und geschlossen. Legen Sie den Ball in Höhe der Füße ab. Nun hebt es die gestreckten Beine etwas an, sodass der Ball langsam in Richtung Bauch rollt und es ihn mit den Händen fangen kann. Später kann sich Ihr Kind den Ball selbst auf die Füße legen. Dann können Sie parallel dazu »ballwippen«.

Tütenrennen

> **Sie brauchen:** pro Spieler 1 Kaffeefilter (Größe 4) und ebenso viele Tennisbälle; Buntstifte/Wachsmalkreiden, ein (Bügel-)Brett.

> **Gut für** Fantasie und Geschicklichkeit.

1 > **So geht's:** Malen Sie auf jede Tüte ein Gesicht (ältere Kinder können das selbst). Legen Sie ein Ende des Bretts auf einen etwa zehn Zentimeter hohen Gegenstand oder Bücherstapel. Jede Tüte wird nun auf einen Tennisball und dieser auf Start (an der höchsten Stelle des Bretts) gesetzt. Bei »... fertig, los!« startet das Rennen. Je nachdem, wie breit das Brett ist, können bis zu drei Renntüten gleichzeitig die schiefe Ebene hinabdüsen.

1 Turbo-Tüten

Der Rhythmus, bei dem man mit muss!

› **Sie brauchen:** Topfdeckel und Kochlöffel beziehungsweise Handtrommel und Schläger.

› **Gut fürs** Laufen in wechselnden Rhythmen.

› **So geht's:** Trommeln Sie einen Rhythmus. Ihr Kind versucht in diesem Rhythmus zu laufen. Wenn Sie stoppen, bleibt es stehen.

Spieglein, Spieglein …

› **Gut für** Nachahmung und Konzentration.

› **So geht's:** Setzen Sie sich Ihrem Kind gegenüber auf den Boden. Ihr Kind ist Ihr Spiegel und ahmt Ihre Bewegungen spiegelbildlich nach: Fassen Sie sich mit der Hand an die Nase, falten Sie die Hände, … Aber bitte alles in Zeitlupe, damit Ihr Kind folgen kann.

Strohhalmsauger

TIPP

Ein super Spiel für den Kindergeburtstag. Jedes Kind bekommt einen Teller und die gleiche Menge Schnipsel und Wattebäusche, und dann heißt es »Auf die Plätze …«. Wer am schnellsten alles auf dem Teller hat, ist der Strohhalmsauger-Sieger.

› **Sie brauchen:** 2 Strohhalme, Papierschnipsel und Wattebäusche, 2 Teller.

› **Gut für** die Konzentrationsfähigkeit.

› **So geht's:** Legen Sie Papierschnipsel und Watte auf den Tisch. Zeigen Sie Ihrem Kind, wie es mit dem Strohhalm die Schnipsel und Wattebäusche ansaugen und auf den Teller befördern kann.

Schuh- und Sockensalat

› **Sie brauchen:** Neben Ihrem Kind mindestens einen Mitspieler, jeder von Ihnen hat Socken und Hausschuhe an.

› **Gut für** Gedächtnis und Schnelligkeit.

› **So geht's:** Sie sitzen im Kreis, ziehen Schuhe und Socken aus und legen sie in die Mitte. Erzählen Sie, dass es gleich Schuh- und Sockensalat gibt. Dafür mischen und würzen Sie Schuhe und Socken. Nun darf Ihr Kind jedem seine Portion Salat (die richtigen Socken und Schuhe) bringen.

1 Gleich gibt's mich doppelt!

Das bin ich!

› **Sie brauchen:** Papier, das größer als Ihr Kind ist, dicke Stifte.

› **Gut für** die Körperwahrnehmung.

1 › **So geht's:** Ihr Kind legt sich mit dem Rücken aufs Papier, Arme und Beine sind leicht gespreizt. Zeichnen Sie seine Umrisse nach und erzählen: »Jetzt umkreise ich deinen Kopf, dann geht's am Hals entlang ...« Wenn Sie damit fertig sind, darf Ihr Kind ans Werk: »Wo sind deine Augen (Nase, Mund), mal die doch mal rein ...! Fragen Sie Ihr Kind: »Welche Farbe hat dein Pulli (Hose)?« Es sucht einen Stift aus. Sie bestätigen: »Ja, das ist rot!« Nun darf Ihr Kind sein Bild damit ausmalen.

Die lebenden Luftballons

› **Gut für** Konzentration, Fantasie.

› **So geht's:** Sie und Ihr Kind sind leere Luftballons. Machen Sie sich ganz klein, indem Sie sich hinhocken, den Kopf einziehen, die Arme um die Knie liegen. »Da kommt Papa und pustet.« Sie machen ein Puste-Geräusch, wodurch der Ballon wächst: Sie richten sich langsam auf und stehen schließlich in voller Länge da. »Oh, der Ballon fliegt!« – jetzt bewegen Sie sich kreiselnd im Raum. Als starker Wind aufkommt, bewegen Sie sich noch schneller. Da setzt sich ein Vogel auf den Ballon und pikst hinein! (Sie klatschen laut in die Hände). Die Luft entweicht langsam (Sie machen das entsprechende Geräusch), und der Ballon wird immer kleiner (Ausgangsposition). Wie gut, dass Papa wieder pustet ...

TIPP

Überkreuzbewegungen sind nicht nur lustig auszuführen, mit ihrer Hilfe lassen sich beide Gehirnhälften aktivieren und verknüpfen. Die Ausführung ist denkbar einfach: Zeigen Sie Ihrem Kind, wie es mit der rechten Hand ans linke Ohr und mit der linken Hand ans rechte Ohr fassen kann. Oder Sie marschieren gemeinsam durch die Wohnung und fassen sich immer mit der gegenüberliegenden Hand ans Knie oder den Fuß.

Mit allen Sinnen

Babys hören schon im Mutterleib, sehen von Anfang an farbig, bevorzugen bestimmte Geschmacksrichtungen und lassen sich durch Streicheln (über die taktile Wahrnehmung) beruhigen. Die Spiele in diesem Kapitel fördern den Bereich der Sinneswahrnehmungen ganz besonders. Natürlich werden bei allen Spielen in diesem Buch die Sinne angesprochen – etwa beim Laufen nach einem bestimmten Musikrhythmus, beim Betrachten und Merken von Gegenständen, beim Erfühlen von Dingen ...

Spiele für die Sinne

Doch die Wahrnehmung lässt sich auch ganz gezielt fördern. Deshalb finden Sie hier besonders schöne Spiele, bei denen jeweils ein oder zwei Sinne im Vordergrund stehen.

Warm und kalt

› **Sie brauchen:** 2 Gefrierbeutel à 3 Liter Fassungsvermögen.

› **Gut für** die taktile Wahrnehmung.

› **So geht's:** Füllen Sie eine Tüte mit kaltem, eine mit warmem Wasser und verschließen Sie sie sorgfältig. Lassen Sie Ihr Kind die Tüten abwechselnd fühlen und sprechen Sie darüber, wie sich welche Tüte anfühlt. Oder Sie füllen zwei Waschschüsseln mit Wasser, einmal warmes, einmal kaltes. Jetzt kann Ihr Kind die unterschiedlichen Temperaturen mit Armen und Füßen erkunden.

Kitzi, Kitzi

› **Sie brauchen:** Watte oder Feder.

› **Gut für** die taktile Wahrnehmung, Wonneangst.

› **So geht's:** Streicheln und kitzeln Sie Ihr Kind mit einem Wattebausch oder einer Feder – mal langsam, mal schneller. Im Gegenzug lassen Sie sich vom Kind streicheln und kitzeln.

WICHTIG: Achten Sie auf die Reaktion Ihres Kindes. Wenn es zeigt, dass es ihm zu viel ist, sollten Sie unbedingt aufhören (siehe auch Seite 39).

Duftmandarinen

› **Sie brauchen:** einige Mandarinen, ganze Gewürznelken.

› **Gut für** den Geruchssinn und die Feinmotorik.

› **So geht's:** Zeigen Sie Ihrem Kind, dass sich die Nelken ganz einfach einzeln durch die Schale der Mandarine stecken lassen. Ältere Kinder können in gleicher Weise Duftorangen herstellen. Herrlich, wie diese Boten der Weihnachtszeit duften!

TIPP

Machen Sie bei der sommerlichen Fahrradtour eine kurze Pause an einem Fluss oder Bach und tauchen Sie die warmen Füße ins kalte Wasser – oder wagen einige Schritte auf den nassen Steinen. Dann wieder Socken und Schuhe anziehen und sich über die wunderbar warmen Füße freuen!

1 Heiße Spur

TIPP
Dieses Spiel eignet sich am besten für draußen, wenn Ihr Kind barfuß – im Sommer vielleicht sogar ganz nackt – über die Fußstraße flanieren kann. Falls Sie es doch im Haus realisieren möchten, sollten Sie (auch bei glatten, abwaschbaren Böden) den Untergrund mit alten Zeitungen auslegen.

Bunte Fußstraße

> **Sie brauchen:** 1 Tapetenstück (2 m lang) und 1 Tapetenstück (1 m lang; alternativ Pappteller); Fingerfarben, 2 Waschschüsseln.

> **Gut für** die sinnliche Fußerfahrung, die Wahrnehmung der Füße und von Farben.

1 > **So geht's:** Der lange Tapetenstreifen ist die Fußstraße, auf die die Abdrücke kommen. Das kurze Stück beziehungsweise die Pappteller sind die »Farbtankstelle«. Am Ende der Straße stehen die beiden mit lauwarmem Wasser gefüllten Waschschüsseln, in denen Ihr Kind hinterher sofort die Füße waschen kann. Verteilen Sie auf dem kurzen Papierstreifen beziehungsweise den Papptellern zwei Kleckse Fingerfarbe (gekaufte ist besser, die selbst gemachte ist zu glitschig). Jetzt tritt Ihr Kind mit jedem Fuß in einen Farbklecks und verteilt die Farbe auf dem Papier beziehungsweise dem Teller, bis seine Fußsohlen komplett mit Farbe bedeckt sind. Dann geht es mit großen und kleinen Schritten die Fußstraße entlang. Die Füße in der ersten Schüssel gut waschen, in der zweiten nachspülen, abtrocknen, fertig. Wer's bunt mag, kann alles nochmal mit anderen Farben wiederholen (dann aber für die Farbtankstelle ein neues Stück Tapete oder neue Pappteller nehmen).

VARIANTEN: Machen Sie ein Familienkunstwerk daraus, indem jedes Familienmitglied mit seiner Lieblingsfarbe an den Füßen die Fußstraße entlang läuft. Dieses »Das-sind-wir!-Bild« braucht dann selbstverständlich einen Ehrenplatz. Das Gleiche klappt natürlich auch, wenn Sie den Farbweg auf den Händen oder im Vierfüßlerstand gehen.

Luftballons – laut und leise

> **Sie brauchen:** 4 Luftballons, je 1 Esslöffel Reis, getrocknete Erbsen, Zucker und Sand.

> **Gut für** den Tast- und Hörsinn.

> **So geht's:** Blasen Sie alle Ballons möglichst groß auf und lassen Sie dann die Luft heraus (so platzen die Ballons später nicht so schnell). Füllen Sie je einen Luftballon mit Reis, Erb-

sen, Zucker und Sand und blasen Sie sie mittelgroß auf. Die
Enden fest zuknoten (siehe Seite 118) und schon kann es mit
dem Schütteln losgehen!

Beim Laut-leise-Spiel schütteln Sie und Ihr Kind die Ballons ganz
fest – das kracht schön laut! Danach einmal leise schütteln.

Fürs Spürspiel in die Finger hineinspüren: Beim Schütteln kitzelt
die Füllung schön auf den Handflächen – Erbsen kitzeln kräfti-
ger als Zucker. Wenn man aufhört zu schütteln, bewegen sich
die Teile im Ballon zuerst noch ein bisschen weiter.

Das Sehspiel klappt nur in hellen Luftballons: Dann kann man
die Erbsen oder den Reis herumflitzen sehen und staunen: »Ich
bringe all das in Bewegung!«

Mit dem Ball atmen

> **Sie brauchen:** eine Decke, einen Wasserball.

> **Gut fürs** Körpergefühl und die Konzentration.

> **So geht's:** Ihr Kind legt sich mit dem Rücken auf die am Boden
liegende Decke. Blasen Sie den Wasserball nicht zu fest auf
und legen Sie ihn auf den Bauch Ihres Kindes. »Spürst du, wie
sich der Ball im Rhythmus deines Atems auf und ab bewegt?«
Wenn das gut klappt, können Sie das Atmen mit einem kleineren Ball ausprobieren, der natürlich nicht herunterrollen sollte.

Massageball

> **Sie brauchen:** einen Igelball (zum Beispiel aus dem Sanitäts-
fachgeschäft).

> **Gut für** die Körperwahrnehmung und taktile Wahrnehmung.

> **So geht's:** Ihr Kind sitzt barfuß auf einem Kinderstuhl. Legen
Sie den Igelball auf den Boden und bitten Sie Ihr Kind, den Ball
unter seinen Fußsohlen hin und her zu rollen. Wie gut das tut!
Wer zwei Igelbälle hat, massiert parallel beide Füße. Nun fragen Sie Ihr Kind, welche anderen Körperteile es noch gern
selbst massieren würde – oder Sie bieten ihm eine kleine Rü-
ckenmassage (im Wechsel auch für Sie) an.

TIPP

Erfahrene Ballonschüttler
können sich ans Ballon-Me-
mory heranwagen: Dafür
vier dunkle Ballons füllen,
zwei davon mit der glei-
chen Füllung. Ihr Kind kann
dann durch Schütteln feststellen, welche der Ballons
den gleichen Inhalt haben.

Auf dem Tisch – unterm Tisch

WICHTIG
Erklären Sie Ihrem Kind,
warum die Füße beim Spiel
auf dem Tisch sein dürfen,
ansonsten aber nicht.
Wenn Sie einen Kindertisch
haben, trennen Sie Spiel-
und Essbereich dadurch.
Andernfalls sagen Sie
»Jetzt ist unsere Spielzeit«,
und wenn das Spiel aus ist,
wird der Tisch abgewischt.

› **Sie brauchen:** einen stabilen Kindertisch, zwei Kinderstühle.

› **Gut für** die Körperwahrnehmung und das Sprachverständnis.

› **So geht's:** Setzen Sie sich mit Ihrem Kind an den Kindertisch (oder den Küchentisch, Ihr Kind sitzt dann in seinem Hochstuhl). Nun geht es darum, Sie nachzuahmen: Sie legen Ihre Hände auf den Tisch und sagen »Die Hände liegen auf dem Tisch«. Ihr Kind ahmt Sie nach. Dann trommeln Sie auf und unter dem Tisch mit den Fingern oder Fäusten, klatschen in die Hände, legen Arme, Ellenbogen, Füße, Nase, Ohr, Bauch … auf den Tisch. Am meisten lieben Kinder die Variante »Wir sitzen auf dem Tisch – und jetzt drunter!« Ob Sie beide auf/unter dem Kindertisch Platz haben? Probieren Sie ruhig einmal aus, ob Ihr Kind die sprachliche Aufforderung allein schon versteht: Warten Sie also etwas, bevor Sie die Bewegung vormachen.

Was ist im Zauberbeutel?

› **Sie brauchen:** einen Einkaufsbeutel aus Stoff oder einen Turnbeutel (alternativ einen »Zauberbeutel«, der mit Stoffmotiven oder Perlen verschönert wurde, beziehungsweise eine Zauberbox, siehe Seite 116), einige Ihrem Kind bekannte Gegenstände wie Löffel, Wäscheklammer, Schere, Spielzeugauto …

› **Gut um** durch Tasten Gegenstände zu erkennen (taktile Wahrnehmung) und fürs Sprachverständnis.

› **So geht's:** Stecken Sie einen der Gegenstände in den Beutel. Ihr Kind streckt nun seine Hand in den Beutel und muss durch Tasten feststellen, was das sein könnte. Helfen Sie ihm etwas: »Ist es hart oder weich, rund oder eckig, ist es zum Spielen oder zum Essen …?« Wenn Ihr Zauberlehrling zu wissen glaubt, was es ist, darf er es rausholen: »Oh, wirklich ein Löffel!« Meister des Zauberbeutels können irgendwann versuchen, zwei bis vier geheimnisvolle Gegenstände gleichzeitig zu ertasten.

TIPP: Lassen Sie für sich selbst nicht leicht zu erratende Gegenstände im Beutel verstecken und erproben Sie Ihren Tastsinn.

Feine Nase

> **Sie brauchen:** Obst/Gemüse, das Ihr Kind gern isst, ein Tuch.

> **Gut um** den Geruchssinn zu aktivieren.

1 > **So geht's:** Schneiden Sie das Obst/Gemüse in handliche Stücke (ab zweieinhalb Jahren kann Ihr Kind dabei helfen). Bitten Sie Ihr Kind, die Augen zu schließen oder verbinden Sie ihm die Augen locker mit dem Tuch. Lassen Sie es an einem Obst- oder Gemüsestück riechen. »Wonach riecht es? Was könnte es sein?« Anschließend werden die »Duftproben« gegessen oder gemeinsam für den Obstsalat oder die Gemüsesuppe geschnippelt.

1   Das duftet!

Schüttel-Memory

> **Sie brauchen:** 4–6 undurchsichtige Filmdöschen; getrocknete Erbsen, Reis, Perlen, Sand … als Füllung.

> **Gut um** den Hörsinn zu verfeinern, für die Konzentration.

> **So geht's:** Füllen Sie immer 2 Filmdöschen mit der gleichen Füllung (Wichtig: gleich viel hineingeben). Lassen Sie Ihr Kind die Dosen schütteln und fragen Sie: »Welche zwei sind gleich?« Verschiedene Füllungen klingen unterschiedlich. Beginnen Sie mit 4 Dosen, später steigern Sie die Zahl der Paare. Dann kommt der Test, indem Sie die Döschen öffnen.

Pizzaservice

> **Sie brauchen:** eine Decke.

> **Gut für** die taktile Wahrnehmung, Fantasie.

> **So geht's:** Ihr Kind liegt bäuchlings auf der Decke. Für den Teig werden (scheinbar) Mehl, Salz, Wasser und Öl auf den Rücken geschüttet und kräftig geknetet, dann rollen Sie den Teig mit Ihren Unterarmen aus. Darauf wird Tomatensauce gestrichen, dann kommt der Belag: Schinken, Salami, Brokkoli, Champignons … und viel Käse. Nun muss die Pizza in den Ofen (mit der Decke in eine Ecke ziehen) – und kann endlich verspeist werden: Jetzt sind Schmusen, Kitzeln und Necken angesagt.

1 Rund wie ein Schneemann

Schneemann-Geschichte

TIPP

Wenn Ihr Kind schon etwas
älter ist und sich gut konzentrieren kann, können
Sie am Ende der ersten
Schneemann-Schmelze
noch weiter in der Fantasiewelt bleiben und am nächsten Morgen neue Schnee-
männer bauen.

> **Gut für** Sprache, Fantasie und Konzentration.

1 > **So geht's:** Erzählen Sie die folgende Geschichte und führen Sie
zusammen mit Ihrem Kind die Bewegungen dazu aus: »Hurra,
es hat geschneit. Wir bauen einen Schneemann! Zuerst rollen
wir eine Kugel. Sie wird immer größer und schwerer, wir müssen
uns gemeinsam ganz schön anstrengen! Jetzt brauchen wir eine
zweite, etwas kleinere für den Bauch. Hilf mir, sie zu tragen und
auf die erste zu heben. Jetzt wird es wieder leichter: Der Kopf
und die Arme sind kleinere Kugeln. Komm, wir bauen gleich
noch einen Schneemann, damit der erste Gesellschaft hat!«

> Nun spielen Sie und Ihr Kind die Schneemänner: Sie stehen ganz
still und formen mit den Armen einen dicken Schnee-Bauch.

> »Brrr, ist das kalt! Gut, dass die Sonne scheint. Es wird wärmer.
Aber was ist das? Hilfe, wir schmelzen!« Sie werden kleiner und
kleiner (langsam in die Hocke gehen), bis nur noch eine Kugel
übrig ist (sich klein einrollen). »Die Sonne scheint so stark, dass
wir nur noch eine Wasserpfütze sind« (auf den Bauch legen).

VARIANTEN: Sie und Ihr Kind können selbst Bewegungsgeschichten
erfinden, zum Beispiel: Im Frühling schlüpft ein Osterküken aus (eingerollt liegen, Klopfgeräusch, Küken schlüpft aus – Piep, Piep, das
Küken geht mit Mama auf Erkundungstour); Radtour im Sommer (auf
dem Rücken liegen, mit den Beinen treten); im Herbst weht ein
Sturm durch die Bäume (im Stehen mit nach oben ausgestreckten
Armen schwanken, zum Schluss fallen die Bäume sogar um!).

Die geheimen Geräusche

> **Sie brauchen:** einen Kassettenrecorder mit eingebautem Mikrofon oder mit Mikrofonanschluss.

> **Gut um** den Hörsinn zu verfeinern.

> **So geht's:** Dieses beliebte Spiel braucht etwas Vorbereitung: Nehmen Sie typische Alltagsgeräusche auf: Klingelton der Haustür und des Telefons, Saft einschenken, Blubbern der Kaffeemaschine, Tür, die ins Schloss fällt, Toilettenspülung … Spielen Sie Ihrem Kind die Geräusche einzeln vor: »Was könnte das sein?« Dann können Sie gemeinsam Geräusche aufnehmen – drinnen und draußen. Sie später zu erraten ist schwieriger als man denkt! Lassen Sie Ihr Kind auch mal die Tasten bedienen – der Grundstein für spätere spannende Hörspiele.

TIPP

Lassen Sie Ihr Kind selbst Töne und Geräusche produzieren. Vielleicht singt oder spricht es auch gern ins Mikrofon – der erste Schritt für spätere spannende Kinder-Hörspiele!

GU-ERFOLGSTIPP   NASSER SPASS

Naturerlebnisse sind sehr wichtig für eine ganzheitliche Förderung. Besonders schön, aufregend und entspannend kann es sein, das Element Wasser in seinen vielen Formen zu entdecken.

> Lassen Sie Ihr Kind nackt durch den warmen Sommerregen laufen oder genießen Sie die warmen Tropfen gemeinsam nur mit T-Shirt und kurzer Hose bekleidet. Tropfnass zu werden ist abenteuerlich, platschend durch Pfützen zu laufen und hineinspringen zu dürfen ein tolles Erlebnis! Auch bei kaltem Wetter mit entsprechender Ausrüstung (Gummistiefel, Regenhose und -jacke) möglich.

> Mit Gießkanne, Gartenschlauch und Sprühflasche lassen sich draußen tolle Wasserschlachten veranstalten. Kleine, weichere Plastikflaschen mit Wasser gefüllt eignen sich gut als Wasserpistolen.

> Die Badewanne kann zum Spielparadies werden, und trocken gerubbelt zu werden ist eine schöne sinnliche Erfahrung.

> Lauschen Sie gemeinsam Regen und Gewitter. Welch ein Ereignis!

> Gehen Sie nach dem Regen zusammen im Wald oder im Park spazieren: Schön, wie die letzten Tropfen von den Blättern und Zweigen fallen und wie sich nasse Baumstämme anfühlen. Und wie herrlich das nasse Laub duftet!

> Bringen Sie eine Hand voll Schnee mit ins Haus und beobachten Sie gemeinsam, wie die Kristalle langsam auf der Hand oder auf dem Teller schmelzen.

Spielen und hantieren

Mit etwa einem Jahr beherrschen Kinder den Zangengriff mit ausgestrecktem Zeigefinger und Daumen. Die Dreijährigen haben diese Technik schon erstaunlich weiterentwickelt und verfeinert: Sie schneiden mit der Schere einigermaßen gerade. Beide Entwicklungsschritte setzen voraus, dass die Kleinen viele Möglichkeiten bekommen, ihre feinmotorischen Fähigkeiten auszuüben und zu verfeinern. Die folgenden Ideen unterstützen Ihr Kind dabei: vom Zangengriff bis zum Schneiden mit der Schere!

Spiele für die Hände

Die folgenden Spiele verfeinern unter anderem die Geschicklichkeit der Hände, trainieren die Handmuskulatur und schulen die Hand-Augen-Koordination. Ihr Kind übt dabei den Umgang mit Werkzeugen und verschiedenen Materialien, was sich später zum Basteln (ab Seite 111) wieder entsprechend anwenden lässt.

Wirfst du das rein?

> **Sie brauchen:** eine große Kiste mit Deckel (oder den Karton vom »Kistenrennen«, Seite 54); Bierdeckel oder Postkarten.

> **Gut für** Zielgenauigkeit, Handgeschicklichkeit und die richtige Handposition.

> **So geht's:** Schneiden Sie in die Mitte des Kistendeckels einen Schlitz, durch den Ihr Kind die Bierdeckel/Postkarten werfen kann. Wenn Sie die »Rennkiste« verwenden, drehen Sie sie um und schneiden Sie den Schlitz in den Boden. Ihr Kind steckt nun alle Bierdeckel durch den Schlitz. Gemeinsam öffnen Sie die Kiste und holen die Deckel mit einem »Ah, da sind sie ja wieder!« heraus. Dieses Spiel ist sowohl für Krabbler (sie ziehen sich an der Kiste hoch) als auch für Läufer sehr gut geeignet.

Der Pisa-Turm

> **Sie brauchen:** Bauklötze.

> **Gut für** die Geschicklichkeit.

> **So geht's:** Die Turmbauer-Karriere beginnt meist vor dem ersten Geburtstag, sobald die Kleinen mit beiden Händen Bücher stapeln können. Um den ersten Geburtstag herum schaffen Kinder es, einen Turm aus zwei Bauklötzen zu bauen – von nun an wird hoch gestapelt! Das macht aber noch viel mehr Spaß, wenn Mama und Papa mitbauen: »Einmal ich, einmal Mama!«, oder jeder einen eigenen Turm. Irgendwann fällt er um!

> **Und später?** Ihr Kind baut dann auch horizontal (nebeneinander), und bald werden beide Techniken verknüpft. Nun wird eine Burg gebaut – oder ein Stall für die Holztierchen.

TIPP

Da ältere Kinder (ab 18 Monate) Sortierspiele lieben, können Sie das Spiel noch entsprechend variieren: Zeigen Sie Ihrem Kind, wie es Bierdeckel in den Farben Rot, Blau und Gelb anmalen kann. Danach werden drei Kartons in den gleichen Farben angemalt und mit einem Schlitz versehen, und schon kann das Farben-Sortierspiel losgehn!

Eine Rollen-Regatta macht noch mehr Spaß, wenn die Schiffchen von den Kindern gebastelt werden. Dafür darf Ihr Kind Eierkartons mit Wasserfarben und Toilettenpapierrollen mit Wachsmalkreiden bemalen. Die Rollen kleben Sie als Schiffskamine in die Mitte der Schachteln. Ganz nach hinten kommen die Flaggen: Zahnstocher mit Papierstreifen oder ein Fähnchen vom Eisbecher – und die Regatta kann beginnen.

Rolle, Rolle, Rolle!

> **Sie brauchen:** Geschenkband oder bunten dicken Wollfaden, 2 leere Küchentuchrollen, 2 große Holzperlen.

> **Gut für** die Geschicklichkeit.

1 > **So geht's:** Schneiden Sie für sich und Ihr Kind zweimal etwa 3 Meter Geschenkband (oder Wolle) ab und knoten Sie je ein Ende um die Mitte einer Haushaltsrolle. Am anderen Ende befestigen Sie jeweils eine Holzperle. Legen Sie die Rollen auf den Boden und platzieren Sie die Holzperle so weit die Schnur reicht von der Rolle weg. Setzen Sie sich nun hinter die Rollen und nehmen Sie diese in beide Hände. Lassen Sie Ihr Kind ausprobieren, wie das mit dem Einrollen funktioniert. Wer möchte, kann die Holzperlen am Ende natürlich auch durch Kuscheltiere, Schiffchen oder Spielzeugautos ersetzen.

Laute Hände – leise Hände

> **Gut um** mit dem Körper Geräusche zu erzeugen.

> **So geht's:** Setzen Sie sich mit Ihrem Kind auf den Boden oder an den Tisch. Klatschen Sie – zuerst ganz leise, dann immer lauter – auf Tisch oder Boden. Dann trommeln Sie mit den Fin-

1 **Was kommt denn da?**

2 **Und jetzt: Familienturm!**

gern – auch diesmal leise und laut (das ist gar nicht so einfach!). Klatschen Sie auf die Oberschenkel, auf den Bauch, den
Po – wie vorher auch zuerst leise und dann immer lauter. Wenn
Ihr kleiner Trommler möchte, kann er mit Händen und Fingern
auch auf Töpfe, Kartons, Waschschüsseln … trommeln.

Daumenturm

› **Gut für** die Geschicklichkeit.

2   › **So geht's:** Sie sitzen mit Ihrem Kind am Tisch oder auf dem Boden. Legen Sie Ihre Faust auf Tisch oder Boden und strecken den
Daumen nach oben. Ihr Kind umklammert Ihren Daumen mit
seiner Faust und streckt ebenfalls den Daumen hoch. Jetzt sind
Sie wieder dran, sodass Sie bald einen vierteiligen Daumenturm
haben (beim »Familienturm« können sechs oder mehr Hände
mitmachen!). Der kann nun nach links und rechts bewegt werden oder – wie der schiefe Turm von Pisa – hin- und herschwan-
ken! Kann der Turm vielleicht auch fliegen?

Zauberflaschen

› **Sie brauchen:** eine Getränkekiste mit leeren 1-Liter-Plastikfla-
schen, unterschiedliches Füllmaterial wie Erbsen, Reis, Perlen
oder Federn, Lebensmittelfarbe.

› **Gut fürs** Herausnehmen und Hineinstecken, fürs Zielen.

› **So geht's:** Füllen Sie zwei Drittel der Zauberflaschen jeweils
mit den unterschiedlichen Materialien, die restlichen Flaschen
bleiben leer. Etwa ab dem 10. Monat können Kinder die Flaschen aus der Kiste ziehen, sie schütteln und sich den Inhalt
ansehen. Sie wieder hineinzustecken ist schwieriger und
kommt deshalb erst später.

WICHTIG: Mit gut einem Jahr fangen Kinder an, Drehverschlüsse zu
öffnen und zu schließen. Sowohl die Deckel als auch die Flaschen-
füllungen können Ihrem Kind gefährlich werden, wenn es sie ver-
schluckt. Streichen Sie deshalb etwas lösemittelfreien Kleber in die
Deckel hinein und drehen Sie sie dann zu.

TIPP

Das Spiel eignet sich später
auch gut als Alleinbeschäf-
tigung für Ihr Kleines – Sie
liefern die Idee, es macht
alles Weitere selbst! Wenn
der Zauberkasten in der
Küche steht, kann es damit
spielen, während Sie ko-
chen – oder mal wieder in
aller Ruhe Zeitung lesen!

Sortierbox

› **Sie brauchen:** einen leeren 10er-Eierkarton, Wasserfarben und Pinsel, Bauklötze in Rot, Blau und Gelb.

› **Gut um** den Zangengriff zu üben, fürs Kategorisieren (Sortieren) und um Farben kennenzulernen.

› **So geht's:** Ihr Kind malt je drei Mulden der Eierschachtel rot und blau aus, die restlichen gelb. Nach dem Trocknen kann Ihr Kind bunte Bauklötze in die jeweiligen Farbmulden einsortieren (das klappt etwa ab dem 18. Monat). Obwohl Ihr Kleines die Farben noch nicht mit Namen kennt, sollten Sie ab und zu bestätigen: »Ja, das ist ein roter Baustein!« Und selbst wenn Ihr Kind den Farben noch keine Aufmerksamkeit schenkt – schon das Einsortieren allein macht großen Spaß: je ein Baustein pro Mulde.

Wäscheklammerspiele

TIPP

Ihr Kind hat sicher Lust, sich in einen bunten Papagei zu verwandeln. Dafür befestigt Ihr Kind so viele Wäscheklammern, wie es selbst schafft, an seiner Kleidung – Sie helfen nur am Rücken. Und schon kann der bunte Papagei herumfliegen. Weitere Bastelvorschläge mit Wäscheklammern finden Sie auf Seite 95.

› **Sie brauchen:** bunte Wäscheklammern, später auch eine Wäscheleine.

› **Gut fürs** Kategorisieren, die Geschicklichkeit und um Farben kennenzulernen.

› **So geht's:** Sortieren Sie die Klammern zuerst gemeinsam: »Hierhin kommen die weißen, dorthin die blauen Klammern ...« Bald kann Ihr Kind das allein. Schnell wird Ihr Kind geschickt die Klammern öffnen und irgendwo festklammern. Das macht noch mehr Spaß, wenn an der Wand eine Wäscheleine in Augenhöhe hängt!

Auf- und zuschrauben

› **Sie brauchen:** einige leere, saubere Schraubverschlussbecher mit breiten Deckeln oder Babuschka-/Matroschka-Puppen.

› **Gut um** Drehbewegung der Hand (ab etwa 18 Monaten) zu üben.

› **So geht's:** Schrauben Sie die Deckel (etwa von Trinkjoghurt-Fläschchen) locker zu und lassen Sie Ihr Kind mit den Flaschen hantieren. Kinder lieben aber auch die russischen Stapelpuppen, bei denen beim Aufdrehen jedes Mal eine neue Puppe auftaucht.

Ausschöpfen

> **Sie brauchen:** einen Topf, 1–3 Tischtennisbälle (ersatzweise Film-dosen, Korken, leere Überraschungseier), Schöpf- und Esslöffel.

> **Gut für** die Kordination und Konzentration.

> **So geht's:** Stellen Sie den halb mit Wasser gefüllten Topf auf den Tisch. Legen Sie einen Tischtennisball hinein und lassen Ihr Kind mit dem Schöpflöffel im Topf rühren. Nun bitten Sie es, den Ball herauszufischen. Im nächsten Schritt legen Sie mehre-re Tischtennisbälle ins Wasser und bitten Ihr Kind, diese ein-zeln mit dem Esslöffel herauszuholen. Dieses Konzentrations-spiel ist bei Geburtstagsfeiern übrigens ein echter Renner.

Kreiseltopf

> **Sie brauchen:** einen niedrigen Topf mit Henkeln, eine Holzper-le oder einen Tischtennisball.

> **Gut für** die Geschicklichkeit und Konzentration.

> **So geht's:** Ihr Kind steht vor Ihnen. Geben Sie ihm den Topf, in dem der Ball liegt. Es soll versuchen, den Ball im Topf in Bewe-gung zu bringen. Aber nicht zu wild, sonst hüpft der Ball heraus! Geübte Kreisler können auch etwas Wasser in den Topf geben. Dann wird das Ballkreiseln (am besten draußen!) spannender!

Konfettiregen

> **Sie brauchen:** Konfetti und kleine Plastikschüsseln.

> **Gut für** die Fingerfertigkeit (später auch das Kategorisieren).

> **So geht's:** Schütten Sie wenig Konfetti auf den Tisch, jeder Teil-nehmer bekommt eine kleine Schüssel. »Wie kannst du die Konfettiblättchen einzeln aufheben und in deine Schüssel geben?« Mit dem Zangengriff sind sie kaum zu fassen. Besser geht's mit dem Zeigefinger: bis zur Tischkante ziehen und dort mit dem Zangengriff aufpicken. Wenn alle Konfettis im Behälter sind, gibt es einen neuen Konfettiregen! Zweijährige sortieren gern: eine rote Konfettireihe, eine blaue, eine gelbe ...

TIPP

Eine ganze Menge Handge-schicklichkeit und Sprach-verständnis ist gefragt, wenn Sie Ihr Kind bitten hinter dem Rücken/über dem Kopf/unten (nach vorn unten gebeugt mit gestreck-ten Armen)/in einer Stoffta-sche zu klatschen. Dann nämlich muss es die Prä-positionen (hinter, über, unten, in) verstehen und in Aktionen umsetzen.

Zerreißen erlaubt!

TIPP

Lassen Sie sich in Zukunft doch bei der Entsorgung von Altpapier helfen: Ihr Kind zerreißt Werbezettel, Brötchentüten & Co. und bringt die Schnipsel dann direkt ins Altpapier.

› **Sie brauchen:** unterschiedliche Papiersorten (Zeitungs-, Butterbrot- und gebrauchtes Geschenkpapier, alte Telefonbücher).

› **Gut für** die Geschicklichkeit und den Hörsinn.

› **So geht's:** Zerreißen macht kleinen Kindern einen Riesenspaß, und für dieses Spiel ist es sogar erlaubt! Lassen Sie Ihr Kind das Papier nach Herzenslust zerreißen. Verschiedene Papiersorten klingen dabei unterschiedlich: »Hörst du das?« Einige Papiersorten lassen sich leicht, andere nur schwer durchreißen. Wie klein kann man die Schnipsel reißen? Schafft man auch zwei oder drei Papierschichten übereinander? Eine spannende Angelegenheit. Später kann aus den Schnipseln ein Bild entstehen (siehe »Zauberbild« Seite 95).

WICHTIG: Machen Sie Ihrem Kind klar, dass es Papier nur dann zerreißen darf, wenn Sie es ihm dafür geben: »Das alte Papier ist zum Spielen da, Mamis Briefe, Bücher und Zeitungen aber nicht.«

Salzteig kneten

› **Sie brauchen:** Salzteig (siehe Seite 122).

› **Gut für** Fingerfertigkeit, Handmuskulatur und Fantasie.

› **So geht's:** Geben Sie Ihrem Kind ein etwa faustgroßes Stück Salzteig. Es kann die Masse kneten und drücken. Mit einem Frühstücksmesser und einem stumpfen Nagel kann es kleine Stücke abschneiden und Löcher in den Teig stechen. Mit einem Nudelholz lässt sich der Teig auswalken, sodass Ihr Kind mit Ausstechförmchen Figuren ausstechen kann. Sicher haben Sie noch weitere Werkzeuge im Haus, um den Salzteig zu bearbeiten (Teigrädchen, Zahnstocher, Kronkorken, Schrauben, ...). Die Kunstwerke lassen sich hinterher auch haltbar machen (entweder einige Tage an der Luft oder 2−3 Stunden im Ofen bei 130 Grad trocknen lassen) und mit Wasserfarben bunt anmalen.

VARIANTE: Für Knet-Kunstwerke ist Zauberknete (Seite 122) sehr geeignet: Sie ist weicher und geschmeidiger als die meisten gekauften Sorten und kann schon von Einjährigen gut bearbeitet werden.

Bastelideen für kleine Hände

Hier kann Ihr Kind gleich seine neuen Fähigkeiten anwenden! Die meisten »Zutaten« sind im Haushalt vorhanden oder können günstig und leicht besorgt werden (Kleister siehe Seite 120).

Perle auf Perle

> **Sie brauchen:** größere Holzperlen, eine Schnur (Schnürsenkel).

> **Gut für** Handgeschicklichkeit und Konzentration.

> **So geht's:** Machen Sie ins eine Ende der Schnur einen dicken Knoten und zeigen Sie Ihrem Kind, wie man die Perlen am anderen Ende auffädelt. Anfangs fädeln Kinder die Perlen nach Zufallsprinzip auf. Doch mit etwa zwei Jahren beginnen sie, nach Farbe oder Form zu sortieren: eine runde Perle, eine längliche, wieder eine runde ... Stolz zeigt Ihr Kind seine Kette, um sofort die Perlen wieder abzustreifen und anders aufzufädeln.

WICHTIG: Will Ihr Kind die Kette um den Hals tragen, knoten Sie sie nicht zu fest und nicht zu weit zu. Lassen Sie es die Kette nur in Ihrer Anwesenheit tragen, achten Sie darauf, dass es nirgends hängen bleibt.

VARIANTE: Stechen Sie mit dem Dosenpikser Löcher in den Rand eines Bierdeckels (mit etwa ein Zentimeter Abstand). Jetzt kann Ihr Kind die Schnur durchfädeln. Oder Sie schneiden aus buntem, festem Karton unterschiedliche Formen (Dreieck, Kreis, Baum ...) aus und versehen sie am Rand mit Fädellöchern. **1**

Modekette

> **Sie brauchen:** dicke, farbige Strohhalme, eine Kinderschere, Holzperlen in verschiedenen Größen, Knöpfe, Schnürsenkel.

> **Gut für** die Fingerfertigkeit.

> **So geht's:** Wenn Ihr Kind bei »Perle auf Perle« Erfahrungen gesammelt hat, können Sie ihm diese etwas schwierigere Variante anbieten. Ihr Kind darf die Strohhalme mit der Schere in etwa zwei Zentimeter lange Stücke schneiden und abwechselnd mit den Perlen und Knöpfen auffädeln. Sie kontrollieren abschließend die Länge und knoten das modische Accessoire zu.

1 **Für Fädelkünstler**

Murmel-Rollbild

› **Sie brauchen:** Papier, einen Schuhkarton, Fingerfarben (Rezept siehe Seite 120), einen Esslöffel, eine große Glasmurmel.

› **Gut für** Koordination und Konzentration.

› **So geht's:** Schneiden Sie das Papier so aus, dass es gerade in den Karton passt – am besten gleich mehrere Lagen. Legen Sie eines der Blätter in den Karton und verteilen Sie mit dem Löffel 3 unterschiedliche Farbkleckse darauf. Wenn Sie gekaufte Farben verwenden und diese zu dickflüssig sind, können Sie sie mit etwas Wasser verdünnen. Legen Sie die Glasmurmel in den Karton. Ihr Kind lässt sie nun kreuz und quer übers Papier rollen, wobei sich die Farben zu einem tollen, einzigartigen Muster verteilen. Das fertige Bild aus dem Karton nehmen, trocknen lassen und gleich mit dem nächsten Gemälde starten.

MAMA, SCHAU MAL: ICH BASTLE SCHON GANZ ALLEIN!

Die in diesem Kapitel beschriebenen Bastelideen haben gemeinsam, dass die Kinder selbst etwas Schönes herstellen und nicht nur zuschauen, wie Erwachsene geschickt mit der Schere umgehen! Wenn Sie etwa vorschlagen »Wir könnten heute ein Fensterbild gestalten« (siehe Seite 96), beschränkt sich Ihre Hilfe auf das Auftragen des Klebers in Sternform – alles Weitere macht Ihr Kind allein. Wie bei allen Spielen in diesem Buch geben Sie Ihrem Kind eine einleitende Hilfe (sei es eine Bewegung, eine sprachliche Anregung oder eine Bastelidee), alles andere führt es selbst aus. Und genau das »Ich kann es allein!« macht stark! Oft sind Erwachsene sehr ehrgeizig oder kennen keine altersgemäßen Ideen. Die Folge ist, dass sie mit ihren Vorschlägen die Kinder überfordern und zum Schluss das meiste selbst herstellen. Auch in vielen Eltern-Kind-Gruppen basteln die Mütter tolle Sachen, und die Kinder schauen zu – kein Wunder, dass sie später im Kindergarten auf viele neue Anforderungen mit »Ich kann das nicht!« reagieren.

Leider suchen immer noch viele Eltern einen Kindergarten nach dem Kriterium aus, wie viele tolle Basteleien in den Räumen zu bestaunen sind. Bedeutend aussagekräftiger wäre es dagegen zu schauen, ob die Kunstwerke aus Kinder- oder Erwachsenenhand stammen. Natürlich gibt es Ausnahmen: Besonders komplizierte Basteleien werden gemeinsam mit Erwachsenen gefertigt.

Märchenhaftes

› **Sie brauchen:** bunte Märchenwolle (Bastelgeschäft) oder bunte Wattebäusche, Kleister, Papier oder Tapetenreste.

› **Gut für** die Feinmotorik und Fantasie.

› **So geht's:** Zupfen Sie aus der Märchenwolle kleine Bäusche. Falls Sie Watte verwenden, zupfen Sie diese flauschig. Ihr Kind verteilt mit Pinsel oder Hand Kleister auf dem Papier (anschließend Hände waschen). Jetzt darf Ihr kleiner Künstler sein Bild gestalten (das gut als Geschenk geeignet ist!). Oder Sie verteilen den Kleister in Form einer Blumenblüte. Nun kann Ihr Kind die bunte Wolle darauf kleben – und erhält eine Märchenblume!

Wäscheklammer-Gesichter

› **Sie brauchen:** einen weißen Pappteller, gelbe Wasserfarbe, einen dickeren Pinsel, etwa 12 gelbe Wäscheklammern.

› **So geht's:** Ihr Kind malt den Teller gelb an. Sobald er trocken ist, befestigt es rundherum gelbe Wäscheklammern als Sonnenstrahlen. Wenn die Sonne abends schlafen geht, kommen die Klammern weg, um morgens wieder aufzugehen. Ein schönes Ritual!

VARIANTE: Für ein (Selbst-)Portrait bemalen Sie den Teller mit Augen, Mund und Nase (bitte benennen und fragen: »Wo ist dein Mund?«). Nun fragen Sie: »Wo sind deine Haare?« Ihr Kind kann an der entsprechenden Stelle Wäscheklammern anbringen.

TIPP

Das Selbstportrait lässt sich mit einer Heißklebepistole an einem Stab befestigen oder in einen Schlitz im Stabende stecken: eine nette Bastelidee für den Kindergeburtstag.

Zauberbild

› **Sie brauchen:** Kleister, Papier, Schere, Materialien wie Wollfäden, Schnur, Papierreste, Watte, Märchenwolle, Kronkorken …

› **Gut für** Geschicklichkeit, Fühlen unterschiedlicher Materialien.

› **So geht's:** Lassen Sie Ihr Kind von Wolle und Schnur einige Stücke abschneiden. Das bunte Papier kann es zerreißen. Nun wird ein Blatt mit Kleister bestrichen und so beklebt, wie Ihr Kind das möchte. Nach und nach entsteht ein modernes Kunstwerk, das vor dem Aufhängen trocknen muss!

VOM UNBEHOLFENEN KÜNSTLER ZUM KLEINEN PICASSO

Ihr zehn Monate altes Baby hielt die Wachsmalkreide in der Faust und kritzelte mit Druck aufs Papier (und darüber hinaus). Die meisten Dreijährigen halten den Stift fast richtig und können einen Kreis malen: wichtige Schritte, um schreiben zu lernen. Diese Fähigkeiten sind nicht angeboren, die Bereitschaft dazu schon. Ihr Kind braucht viele Möglichkeiten, die Techniken zu üben. Erfahrungen mit Fingerfarben helfen übrigens nebenbei auch bei der Sauberkeitserziehung (siehe Seite 34).

> Bieten Sie Ihrem Kind dicke Wachsmalkreiden (später Holzstifte) und einen Malblock an.

> Eineinhalbjährige können durchaus Wasserfarbe mit einem dicken Pinsel ausprobieren, wenn Sie es bei einer Farbe belassen: zuerst den Pinsel ins Wasser, dann in die Farbe und zuletzt aufs Papier – gar nicht einfach. Die fertigen Kunstwerke sind ein Ansporn, weiterzuüben und die Technik zu verfeinern. Hängen Sie die schönsten Exemplare auf, vielleicht sogar eingerahmt!

> Ein Wachstuch ist ideal als Mal- und Bastelunterlage (und eignet sich auch noch als Unterlage für den Hochstuhl am Esstisch). Ein Malkittel lässt sich leicht aus einem alten Hemd oder einer Bluse herstellen: Sie schneiden den Kragen rundherum ab, bringen die Ärmel auf die passende Länge. Mit den Knöpfen nach hinten sollte das passen.

Schnipselmaschine

> **Sie brauchen:** Kinderschere, buntes Transparentpapier, weißes Tonpapier, Gefäße zum Aufbewahren.

> **Gut für** die Fingerfertigkeit und Konzentration.

> **So geht's:** Zuerst halbieren, dann vierteln Sie die einzelnen Blätter (Transparent- und Tonpapier). Ihr Kind darf diese in Schnipsel scheiden. Dann geht's ans Sortieren: Die bunten Schnipsel landen im einen, die weißen »Schneeflocken« im anderen Behälter – und sind die Basis für jede Menge Basteleien: Für ein weihnachtliches Stern-Fensterbild malen Sie mit Kleister einen Stern auf die Fensterscheibe, den Ihr Kind mit bunten Transparentschnipseln beklebt. Oder Sie malen verschiedene Formen aus Kleister auf Tonpapier, die von Ihrem Kind mit Schnipseln beklebt werden. Und auch der Schneemann von Seite 97 sieht damit hübsch aus.

Schneemann

› **Sie brauchen:** dunkelblaues oder schwarzes Tonpapier, einen weißen Stift, Kleister, weiße Watte.

› **Gut für** Geschicklichkeit und Fantasie.

› **So geht's:** Malen Sie drei weiße Kreise übereinander und verteilen Sie den Kleister darin. Ihr Kind zupft währenddessen aus der Watte kleine Flöckchen ab, die es dann auf die Kreise kleben darf. Doch der »Schnee« sieht nicht nur aus Watte, sondern auch mit weißen Papierschnipseln aus der Schnipselmaschine (siehe links unten) super aus. Und während das Bild trocknet, können Sie gemeinsam »Schneemann« (siehe Seite 84) spielen.

Bunter Blumentopf

› **Sie brauchen:** Tonblumentopf, Fingerfarben, Malkittel.

› **Gut für** die Fingerfertigkeit.

› **So geht's:** Stellen Sie den Topf kopfüber auf den Tisch, sodass Ihr Kind die Außenseite mit Fingerfarben bemalen kann. Einen etwas kleineren Plastiktopf mit Erde füllen und Weizensamen einsäen. In den bunten Blumentopf stellen. Regelmäßig gießen!

Gestecke für Winter und Sommer

› **Sie brauchen:** Blumentopf, Salzteig oder Zauberknete, eine lange Kerze, Tannenzweige und -zapfen, rote und goldene Papierservietten (alternativ sommerliche Blumen/Zweige).

› **Gut für** Fingerfertigkeit und Fantasie.

1 › **So geht's:** Füllen Sie den Topfboden mit Salzteig oder Zauberknete. Jetzt darf Ihr Kind in die Mitte die Kerze hineindrücken. Um die Kerze herum steckt es Zweige und Zapfen (die Zweige dürfen nicht zu lang (Kippgefahr) sein oder zu nah an der Kerze stecken). Die Papierservietten in Stücke reißen, Kügelchen daraus rollen (zeigen Sie ihm, wie's geht) und auf den Zweigen verteilen. Klappt auch im Sommer mit Blumen und Zweigen.

1 Weihnachtsgesteck

Abstempeln

> **Sie brauchen:** 3–4 Pappteller oder Marmeladenglasdeckel, Korken (idealerweise Sektkorken), Fingerfarben, Papier.

> **Gut für** die Geschicklichkeit.

1 > **So geht's:** Geben Sie auf jeden Pappteller oder in jeden Deckel einen Klecks Farbe, zu der jeweils ein eigener Korken gehört. Ihr Kind taucht den Korken in die Farbe und drückt den Farbstempel dann aufs Papier. Kinder ab zwei Jahren zaubern dann schon richtige rote, gelbe, blaue … Stempelstraßen aufs Papier.

Buntes Teelicht

> **Sie brauchen:** ein leeres Marmeladenglas, bunte Transparentpapierschnipsel (siehe Seite 96), Kleister, Pinsel, Teelicht.

> **Gut für** die Fingerfertigkeit.

> **So geht's:** Ihr Kind darf das Glas außen einkleistern und dann mit den Schnipseln bekleben. Und es ist unglaublich, wie stolze Kinderaugen mit der Kerze um die Wette strahlen, wenn diese in der dunklen Jahreszeit zum Abendessen leuchtet! Da der Glasboden sehr heiß werden kann, nur mit Untersetzer verwenden.

Teelicht mit Sternen

> › **Sie brauchen:** Metallfolie (Bastelgeschäft), große Nägel, alte Decke, Schere, Heftklammerndrücker, Teelicht auf Tellerchen.

> › **Gut für** die Feinmotorik.

2 › **So geht's:** Schneiden Sie aus der Folie einen 10 x 30 Zentimeter großen Streifen. Falten Sie die Decke zweimal, decken Sie damit den Tisch ab und legen Sie den Metallstreifen darauf. Ihr Kind nimmt den Nagel und sticht damit Löcher (als Sterne) in die Folie. Legen Sie die kurzen Enden der Metallfolien übereinander und klammern Sie sie zusammen. Stülpen Sie den Sternenring über das Teelicht auf dem Teller. Wenn Sie die Kerze anzünden und das Licht ausmachen, funkeln die Sterne nur so durchs dunkle Zimmer!

VARIANTE: Schneiden Sie aus der Goldfolie Sterne aus. Ihr Kind darf mit der Nadel Löcher hineinstechen. Sie fädeln die Sterne auf eine goldene Schnur – und fertig ist der Weihnachtsschmuck.

2 Kann ich ganz allein!

Herbstbaum

> › **Sie brauchen:** ein großes Stück Papier (Plakat oder Packpapier), Kleister, einen dicken Pinsel, Wachsmalkreiden, altes Telefonbuch oder alten Katalog.

> › **Gut für** Geschicklichkeit und Fantasie.

> › **So geht's:** Machen Sie mit Ihrem Kind einen Herbstspaziergang, und sammeln Sie bunte Blätter in allen Größen. Zu Hause pressen Sie die Blätter, indem Sie sie Blatt für Blatt in ein dickes Buch (etwa Telefonbuch oder Katalog) legen. Bewundern Sie mit ihm jedes Blatt: »Sind das schöne Farben!« Beschweren Sie die »Presse« für einige Tage lang mit anderen schweren Büchern. Zeichnen Sie mit braunem Wachsmalstift einen großen Baumstamm in die untere Hälfte des Papiers und oben jede Menge leerer Äste. Je nachdem, wie alt Ihr Kind ist, kann es mit dem großen Pinsel die Baumkrone einkleistern (notfalls müssen Sie nachbessern). Anschließend klebt es die Blätter darauf – einige können auch auf der Erde liegen. Ein tolles Bild fürs Kinderzimmer!

1 Für Faltkünstler

Papier falten

> **Sie brauchen:** buntes Papier, quadratisch und in DIN A4.

> **Gut für** die Feinmotorik und Hand-Augen-Koordination.

1 > **So geht's:** Ab etwa zwei Jahren lieben Kinder es, Papier zu falten. Der erste Faltschritt: Spitze auf Spitze. Lassen Sie Ihr Kind
selbst ausprobieren, wie es mit dem Papier zurechtkommt.
Ihrem Dreijährigen können Sie auch schon zeigen, wie Sie
einen Flieger oder ein einfaches Schiffchen falten.

TIPP

Die Schatztruhe ist ein ech-
tes Oma-Geschenk: »Das
habe ich ganz allein für
dich gebastelt!«

Schatztruhe

> **Sie brauchen:** Schuhkarton, Fingerfarben, Kleister, 1 Marmela-
denglasdeckel, Pinsel, kleine Materialien wie Märchenwolle,
Kronkorken, in Scheiben geschnittene Weinkorken, Wollfäden.

> **Gut für** die Feinmotorik, für Fantasie und Geduld.

> **So geht's:** Ihr Kind darf den Karton von außen mit Fingerfarben
bunt bemalen. Lassen Sie die Farben einige Stunden trocknen.
Überlegen Sie gemeinsam, mit welchen Materialien Deckel und
Außenwände der Schatztruhe verziert werden könnten. Geben
Sie etwas Kleister in den Marmeladenglasdeckel. Ihr Kind kann
die Schatztruhe nun nach Belieben verzieren: Zweijährige können den Wollfäden (etwa 20 Zentimeter lang) durch den Kleister

ziehen und dann in unterschiedlichen Formen (Spiralen, Schlangenlinien oder kleine Knäuel) aufkleben. Nach dem Trocknen mit einem schönen Stoffrest, etwa aus Samt, auslegen.

Gefäß im Wachsgewand

> **Sie brauchen:** verschiedenfarbige Tafelkerzen(reste), mindestens 5 cm lang, kleinen Tonblumentopf oder ein Marmeladenglas.

> **Gut für** die Feinmotorik und Hand-Augen-Koordination.

> **So geht's:** Legen Sie den Tisch mit alten Zeitungen aus. Geben Sie Ihrem Kind eine Kerze und zünden Sie den Docht an.

> Wenn die Kerze einige Minuten gebrannt hat, kann Ihr Kind die spannende Technik zunächst einmal ausprobieren: Sobald es die Kerze schräg über die Zeitung hält, tropft das Wachs. Mit diesen Wachstropfen kann Ihr Kind nun einen Blumentopf, ein Marmeladenglas oder eine leere Weinflasche verzieren: Dafür den Gegenstand, der betropft werden soll, längs auf die Zeitung legen und mit Wachs beträufeln. Wenn das Wachs hart ist, weiterdrehen …

WICHTIG: Ihr Kind soll das Gefühl haben: »Ich habe es allein gemacht!« Seien Sie wegen der Kerzenflamme also nicht übervorsichtig, sondern bleiben Sie einfach dabei und leisten Sie Ihrem Kind Gesellschaft.

Aus alt wird neu

> **Sie brauchen:** einen alten Katalog, Schere, Klebestift, Papier.

> **Gut für** die Geschicklichkeit.

> **So geht's:** Ab Ende des zweiten Lebensjahres blättern Kinder gern in Katalogen, Seite für Seite. Geben Sie Ihrem Kind einen alten Katalog, aus dem es einige Bilder ausschneiden darf. Diese darf es dann mithilfe des Klebestifts auf ein Papier kleben, sodass eine neue, tolle Collage entsteht. Natürlich schneiden Kinder in diesem Alter die Figuren noch nicht genau aus: Beim Spielzeugauto fehlen vielleicht die Räder, beim Pferd der Schweif – doch das ist schlicht und einfach Künstlerfreiheit!

TIPP
Mit dieser Tropftechnik lassen sich übrigens auch tolle bunte Ostereier für den Osterstrauß basteln!

Sprachspiele, Lieder und Reime

Die meisten Eltern sprechen mit ihrem Baby intuitiv langsamer, deutlicher und in kurzen Sätzen. Wie schon auf Seite 18 beschrieben, wird heutzutage großer Wert auf frühestmögliche Sprachförderung gelegt. Im Alltag fördern Sie Ihr Kind, indem Sie viel mit ihm reden und ihm alles erklären, was Sie gerade tun. »Ich wasche jetzt die Kartoffeln.« – »Ich ziehe dir heute mal den gelben Pulli und die blaue Hose an.« – »Dies ist dein rechter Handschuh, das hier der linke.« Auf diese Weise lernt es ganz nebenbei.

Sprache, Spiel & Spaß

Alle Spiele im Buch fördern das Sprachverständnis, weil beim Spielen benannt, erklärt, wiederholt wird. Die folgenden Spiele stellen die Sprachförderung jedoch bewusst in den Mittelpunkt.

Augen, Nase, Ohren, Mund

› **Gut für** Körperbewusstsein und Sprache.

› **So geht's:** Fragen Sie Ihr Kind nach seinen Körperteilen: »Wo ist die Nase? Wo sind die Ohren? …« Mit der Zeit sollten alle Körperteile einen Namen haben – auch die Geschlechtsteile.

Mal laut, mal leise

› **Gut um** die Lautstärke variieren zu lernen.

› **So geht's:** Variieren Sie Ihre Sprech-/Singlautstärke. Ihr Kind wird versuchen, Sie nachzuahmen. Unterhalten Sie sich aus einem anderen Zimmer mit Ihrem Kind, die Stimme klingt dann anders. Flüstern Sie Wörter, später Sätze ins Ohr: »Was habe ich gesagt?«

Sei so lieb und bring mir …

› **Gut fürs** Sprachverständnis und Gedächtnis.

› **So geht's:** Geben Sie Ihrem Kind kleine Aufgaben: »Hol doch bitte den Ball!« – »Bring die Tasse in die Küche!« Später bauen Sie Mengen und Farben in die Aufträge ein.

Ja und Nein

› **Sie brauchen:** ein Bilderbuch.

› **Gut fürs** Sprachverständnis und Gedächtnis.

› **So geht's:** Zeigen Sie Ihrem Kind im Bilderbuch einen Ball. Fragen Sie: »Ist das ein Auto?« Anfangs kann es mit Kopfschütteln, später mit Nein antworten. Nicken und Ja, dann Kopfschütteln und Nein machen Spaß – und das Sprachverständnis wächst.

WICHTIG

Schon Babys lieben es, mit den Eltern ein Bilderbuch anzuschauen. Für Einein-halbjährige ist eine kurze Geschichte aus dem Alltag geeignet: pro Seite ein Satz. Zweijährige lauschen schon längeren Geschichten und wollen oft wochen-lang die gleiche Gute-Nacht-Geschichte vorgele-sen bekommen – und sie merken genau, wenn Sie »schwindeln« und den Text abkürzen!

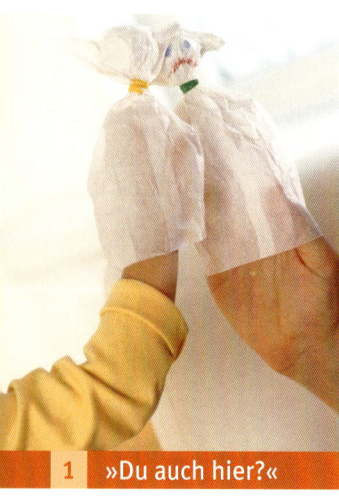

1   »Du auch hier?«

Puppendialog

> ❯ **Sie brauchen:** zwei Puppen, Handpuppen oder zwei Stofftiere.

> ❯ **Gut für** die Fantasie und das Sprachverständnis.

1 ❯ **So geht's:** Sie und Ihr Kind haben je eine Puppe (ein Kuscheltier) auf dem Schoß. Nun beginnen die Puppen ein Gespräch, etwa zum Einkaufen: »Was brauchen wir noch?« – »Vielleicht Nudeln?« Sie können auch eine Ihrer Handflächen und eine Ihres Kindes mit Gesichtern bemalen. Oder Sie bemalen zwei Butterbrottüten mit Tiergesichtern – fertig sind die Handpuppen!

Kleine Hunde – große Hunde

> ❯ **Gut für** Fantasie und Lautstärke.

> ❯ **So geht's:** Fragen Sie Ihr Kind, wie ein kleiner Hund bellt und wie ein großer? Sie können auch nach den entsprechenden Bewegungen fragen: Kleine Hunde trippeln, die großen schreiten würdevoll ... Das funktioniert mit allen Tieren, die Ihr Kind kennt.

Lautsprecher und Rohrpost

> ❯ **Sie brauchen:** eine Papptöhre (Küchenrolle) oder einen Becher.

> ❯ **Gut um** die Stimme zu variieren.

> ❯ **So geht's:** Flüstern oder rufen Sie in die Röhre hinein (am besten den Namen Ihres Kindes). Halten Sie die Röhre Ihrem Kind hin – bald wird es versuchen, Sie nachzuahmen. Auch lustig: sich durch die Röhre in die Augen schauen!

Spitze Sachen

> ❯ **Gut fürs** Sprachverständnis.

> ❯ **So geht's:** Suchen Sie passende Gegenstände, die Sie den Adjektiven rund, spitz, eckig, weich, hart, rau, warm, kalt, laut ... zuordnen können. Oder Sie fragen: »Was ist spitz hier im Raum?« – »Was ist weich?« Später können Farben dazukommen.

Suppenteller – flacher Teller

> › **Gut fürs** Sprachverständnis, Kategorisieren.

> › **So geht's:** Erklären Sie Ihrem Kind im Alltag immer wieder, dass Sie jetzt die Suppenteller brauchen – für das Abendessen werden dann die flachen Teller aufgedeckt. Machen Sie klar, dass es unterschiedliche Tische (»Stell die Tasse bitte auf den Küchentisch!«) und Sitzmöglichkeiten gibt (Sessel, Sofa, Gartenstuhl ...). Und so mancher Dreijähriger ist Spezialist für Automarken!

Gegensätze ziehen sich an

> › **Sie brauchen:** Alltagsgegenstände in groß und klein (Flaschen, Schuhe, Teller, Spielzeugautos, Bälle, Kartoffeln ...).

> › **Gut fürs** Größenverständnis und den Wortschatz.

> › **So geht's:** Zeigen Sie Ihrem Kind zwei Flaschen ... und fragen Sie: »Welche ist größer/kleiner?« Mit etwa drei Jahren kann Ihr Kind dann bereits 3–4 Flaschen nach ihrer Größe sortieren!

Hallo – wie geht es dir?

> › **Sie brauchen:** ein Spielzeugtelefon und/oder ein ausgemustertes Bürotelefon beziehungsweise Handy.

> › **Gut fürs** Sprachverständnis und den Wortschatz.

> › **So geht's:** Schon Babys ahmen uns beim Telefonieren nach. Tun Sie so, als riefen Sie Ihr Kleines an, und fragen Sie: »Wie heißt du? Wie geht es dir? Wo ist der Papa?« Freuen Sie sich über die Ein-Wort-Sätze, die Sie als Antwort bekommen!

Rechts – links

> › **Gut für** Körperwahrnehmung und Wortschatz.

> **2** › **So geht's:** Sagen Sie: »Ich hebe meine rechte Hand hoch!« Ihr Kind ahmt Sie nach und sagt: »Ich auch!« Danach ist Fantasie gefragt: »Ich hebe den Becher mit der linken Hand!«

2 Rechts und links

Was gehört nicht dazu?

> › **Gut fürs** Kategorisieren und den Wortschatz.

> › **So geht's:** Kinder lieben Reime, weil sie gleich enden und man sie sich deshalb so gut merken kann. Aber was reimt sich nicht? Mit etwa zweieinhalb Jahren wird dieses Spiel interessant: Sie sagen drei Wörter vor, von denen sich nur zwei reimen »Puppe, Suppe, Tisch«. Fragen Sie nun: »Was passt nicht?« Lassen Sie die beiden Reimwörter zuerst aufeinander folgen. Später variieren Sie die Reihenfolge: »Baum, Löffel, Traum«

Schau mal, was ich kann!

> › **Gut fürs** Sprachverständnis und den Wortschatz.

> › **So geht's:** Sprechen Sie den folgenden Vers im gleich bleibenden Rhythmus:
> »Schau mal, was ich kann, ich klatsche, ich klatsche
> (im gleich bleibenden Rhythmus in die Hände klatschen).
> Fang du auch an (Ihr Kind klatscht mit).
> Wir klatschen, wir klatschen
> (Sie beide klatschen im gleichen Rhythmus).
> Ich bin dran (tippen Sie mit Ihrem Zeigefinger auf Ihre Brust).
> Sehe, was ich kann, ich hüpfe …«
> Das funktioniert natürlich nicht nur mit Klatschen, sondern auch mit klopfen, trommeln, hüpfen, tanzen, kämmen, telefonieren, springen, waschen, kochen, bügeln … Wenn Ihr Kind dieses Spiel gut kennt, darf es abwechselnd den Vers sagen und die dazu gehörende Tätigkeit ausüben. Danach heißt es: »Du bist dran!«

Was kann fliegen?

> › **Gut fürs** Sprachverständnis, den Wortschatz, das Kategorisieren.

> › **So geht's:** Fragen Sie Ihr Kind: »Was kann fliegen?« Wenn Ihr Kind mit »Vogel« antwortet, können Sie überlegen, welche Vögel es schon kennt (Ente, Taube …). Das funktioniert auch mit der Frage: »Womit kann man fahren?« (Laufrad, Fahrrad, Kutsche …).

GU-ERFOLGSTIPP

AUSREDEN LASSEN

Manche Kinder fangen erst spät an zu sprechen und sprechen zunächst undeutlich und langsam. Auch wenn Sie Ihr Kind nach dem halben Wort bereits verstanden haben, warten Sie ab, bis es ganz fertig ist. Sonst kann es passieren, dass Ihr Kind »redefaul« wird, weil ja auch so jeder weiß, was es möchte!

Reime, Verse und Lieder

Reime, Verse und Lieder – teils zusammen mit Bewegung – sind Nahrung für Sprachentwicklung und Gedächtnis. Kinder unter drei Jahren lieben Wiederholungen: immer wieder die gleiche Frage und Antwort, das gleiche Spiel, dasselbe Bilderbuch. Bei den Liedern und Versen überprüft das Kind, ob der Text wirklich stimmt. Mit Spannung wird dann der bekannte Höhepunkt erwartet. Suchen Sie sich aus den überlieferten Texten auf diesen Seiten Ihre Lieblingsstücke aus. Ihr Kind wird Ihnen mit Begeisterung lauschen, später auch mitsprechen. Die Bewegungen dazu kann es schon viel früher mitmachen. Die Verse werden meist gesprochen, einige davon im Sprechgesang.

Backe, backe, Kuchen

Backe, backe, Kuchen,
der Bäcker hat gerufen.
Wer will guten Kuchen backen,
der muss haben sieben Sachen:
Eier und Schmalz,
Butter und Salz,
Zucker und Mehl,
Safran macht den Kuchen gehl. (= gelb)
Schieb, schieb in den Ofen rein,
der Kuchen wird bald fertig sein.
(Zu jeder betonten Silbe klatschen.)

Das ist der Daumen

Das ist der Daumen,
der schüttelt die Pflaumen,
der sammelt sie auf,
der trägt sie nach Haus,
und der Kleinste, der isst sie alle auf.
(Bei jeder Zeile den entsprechenden
Finger des Kindes vom Daumen zum
kleinen Finger anfassen.)

Ri, ra, rutsch

Ri, ra, rutsch,
wir fahren mit der Kutsch.
Wir fahren mit der Schneckenpost,
wo es keinen Pfennig kost.
Ri, ra, rutsch,
wir fahren mit der Kutsch.
(Einander gegenüber sitzen, die Hände ineinander legen und sich im Rhythmus vor und zurück bewegen.)

Kommt ein Bär

Kommt ein Bär, tappt so schwer.
(Mit den Händen im Rhythmus auf dem Kör-
per des Kindes klatschen.)
Kommt eine Maus, die sucht ein Haus.
(Mit den Fingern von den Beinen bis in die
Achselhöhlen krabbeln.)
Kommt ein Floh, und der macht so!
(Auf den Brustkorb des Kindes tippen.)

Eine Schnecke

(Nach der Melodie »Bruder Jakob«)
Eine Schnecke, eine Schnecke
krabbelt rauf, krabbelt rauf.
Krabbelt wieder runter,
krabbelt wieder runter,
kitzelt auf dem Bauch,
kitzelt auf dem Bauch!
(Entsprechende Fingerbewegungen auf dem
Körper des Kindes machen.)

Große Uhren, kleine Uhren

Große Uhren machen tick-tack, kleine Uhren
machen ticke-tacke, ticke-tacke,
und die ganz kleinen Taschenuhren machen
ticke-tacke, ticke-tacke, ticke-tacke.
(Ihr Kind steht auf Ihren Füßen, Sie halten
seine Hände; im Rhythmus seitlich schaukeln,
zuerst langsam, zum Schluss schnell.)

Es regnet

Es tröpfelt, es tröpfelt.
(Zeigefinger tippen auf Tisch oder Boden.)
Es regnet, es regnet. (Alle Finger tippen.)
Es gießt, es gießt. (Mit den Händen auf dem
Tisch oder Boden klatschen.)
Es blitzt. (Schnell in die Hände klatschen.)
Es donnert! (Mit den Fäusten klopfen.)
Und schon geht die Sonne wieder auf! (Mit
den Händen eine Sonne in die Luft malen.)

Himpelchen und Pimpelchen

Himpelchen und Pimpelchen,
die saßen auf einem Berg.
Himpelchen war ein Heinzelmann
und Pimpelchen ein Zwerg.
Sie blieben lange da oben sitzen
und wackelten mit den Zipfelmützen.
(Die Fäuste mit den nach oben gestreckten
Daumen wackeln wie Zipfelmützen.)
Doch nach fünfundsiebzig Wochen
sind sie in den Berg gekrochen.
(Daumen verschwinden in die Faust.)
Schlafen dort in stiller Ruh.
(Kopf seitlich auf die gefalteten Hände legen,
wie schlafend.)
Sei mal still und hör gut zu!
(Schnarchgeräusche machen.)
Doch dann sind sie aufgewacht
und haben ganz laut gelacht!
(Laut lachen.)

Muh, muh, muh

Muh, muh, muh,
so macht im Stall die Kuh.
Wir geben ihr das Futter,
sie gibt uns Milch und Butter.
Muh, muh, muh,
so macht im Stall die Kuh.
(Im Rhythmus klatschen oder stampfen.)

Fährt ein Schifflein

Fährt ein Schifflein übers Meer,
schaukelt hin, schaukelt her.
(Mit dem Kind auf dem Schoß schaukeln.)
Kommt ein großer Sturm,
(In den Nacken des Kindes pusten.)
fällt das Schifflein um! (Umfallen.)

Bi-Ba-Butzemann

Es tanzt ein Bi-Ba-Butzemann
in unserm Haus herum – widebum!
Er rüttelt sich, er schüttelt sich,
er wirft sein Säckchen hinter sich.
Es tanzt ein Bi-Ba-Butzemann
in unserm Haus herum – widebum!
(Im Kreis Hand in Hand tanzen und die entsprechenden Bewegungen machen.)

Häschen in der Grube

Häschen in der Grube,
saß und schlief, saß und schlief.
Armes Häschen, bist du krank,
dass du nicht mehr hüpfen kannst?
Häschen hüpf, Häschen hüpf,
Häschen hüpf!
(Ihr Kind hockt, Sie streicheln es, zum Schluss
hüpft es – vielleicht sogar mit den Händen als
Ohren hinterm Kopf!)

Eisenbahn

Tüff, tüff, tüff, die Eisenbahn,
wer will mit, der hängt sich an.
Alleine fahrn, das mag ich nicht,
drum nehm ich mir die/den (Name des
Kindes) mit!

Heile, heile Segen

(Diese Verse helfen – neben Trostpflastern –
bei kleinen Verletzungen sofort.)
Heile, heile Segen,
drei Tage Regen,
drei Tage Schnee,
es tut schon nimmer weh!

SCHÖNES ZUM SPIELEN

Oft sind es schlichte, einfache Dinge, die Kinder faszinieren, immer wieder begeistern und dabei ihre Entwicklung nachhaltig unterstützen.

Spielzeug ist wichtig

Blättern Sie einmal in Spielzeugkatalogen: Sie könnten Unsummen für all das ausgeben, was Ihr Kleinkind angeblich unbedingt braucht. Die Regale in den Spielwarengeschäften quellen über – und manche Kinderzimmer auch. Sie könnten eine richtige Miniatur-Erwachsenenwelt für Ihr Kind zusammenkaufen: Haus mit Pferd und Auto, Staubsauger, Waschmaschine, Herd, Bügeleisen ... Ein Tipp: Gehen Sie möglichst ohne Ihr Kind ins Spielwarengeschäft, das ist für beide Seiten weniger stressig.

In Ruhe auswählen

Kinder brauchen Spielzeug – schöne, einfache Dinge, mit denen sie sich immer wieder beschäftigen können und die Fantasie und Bewegungsdrang anregen. Spielzeugläden bieten heute wieder zunehmend solche schlichten, ansprechenden Dinge an, die seit jeher zu den Klassikern im Kinderzimmer zählen.

Viele Spielsachen bleiben über Jahre interessant und kommen immer wieder neu zum Einsatz, wie etwa Bauklötze: Das neun Monate alte Baby klopft zwei Bausteine gegeneinander; das Einjährige stapelt zwei übereinander zum Turm; Dreijährige bauen hohe Mauern, und Fünfjährige errichten riesige Bauwerke.

Alles kann Spielzeug sein

Was Spielzeug ist, entscheidet Ihr Kind: Eine Banane wird zum Telefon, ein Stein kann eine Maus oder ein Auto darstellen. Bewahren Sie deshalb leere Joghurtbecher und -flaschen, Deckel, Pralinenfolien, Kaffeedosen ... auf. Denn Ihr Kind freut sich darüber!

Die Küche: eine Fundgrube

Auch viele Küchenutensilien eignen sich zum Spielen, wie Kochtopf und Löffel. Im Spiel setzen Kinder sich mit der Umwelt auseinander: Sie spielen nach, was sie gesehen haben, verlegen die Tätigkeit an einen anderen Ort: Gekocht wird die Suppe auf dem Kindertisch, der sich für den Moment in einen Herd verwandelt!

Lernen im Alltag

Einjährige räumen gern die Spülmaschine aus. Auch beim Bettenmachen wollen sie dabei sein. Begleiten Sie Ihr Tun sprachlich: »Ich schüttele die Kissen und Decken aus – hilfst du mir?« Kinder putzen und kehren gern. Beim Staubsaugen haben Sie vielleicht einen blinden Passagier ... Beziehen Sie Ihr Kind auch beim Kochen mit ein: Es kann die Kartoffeln waschen, Gurken schneiden, Teig kneten ... Beim Wäschesortieren wird das Kategorisieren geübt: Mamas, Papas, meine Socken. Mit Wäscheklammern umgehen verlangt feinmotorische Fähigkeiten. Im Garten kann Ihr Kind auch beim Umhacken oder Einpflanzen helfen.

TIPP

Hier eine kleine Übersicht zu sinnvollem Spielzeug für das zweite und dritte Lebensjahr:

> Wasserball und verschiedene Bälle
> Puppe, Teddy, einige Stofftiere
> eventuell Puppenwagen, Handpuppe, robustes Puppengeschirr
> Bauklötze, Becher- und Ringturm
> Klopfbank, große Holzperlen
> Autos, Holzeisenbahn
> Telefon, Arztkoffer
> Puzzles, Bilder-Lotto, Bilderbücher

Spielzeug und Bastelmaterial aus eigener Werkstatt

Die folgenden Spielsachen und Spielmaterialien können Sie teilweise gemeinsam mit Ihrem Kind herstellen – Ihr Kleines ist dabei Ihr aufmerksamer Helfer, das Meiste machen Sie selbst. Viele der Spielsachen (etwa die Laufdosen, Seite 119) gibt es natürlich auch fertig zu kaufen. Doch macht es viel mehr Spaß, sie selbst zu basteln. Und Ihr Kind kann dabei so einiges lernen: »Aus so einfachen Materialien wird so ein tolles Turngerät! Und Mama (oder Papa) hat es selbst für mich gemacht!«

Spielsachen selbst gemacht

Einige der folgenden Basteleien können Sie für die Spiele in diesem Buch verwenden, wobei Sie bei den Materialien in Ihrem Haushalt aus dem Vollen schöpfen können. Das Rezept für den häufig verwendeten Bastelkleber finden Sie auf Seite 120.

Luftballonbett

> **Sie brauchen:** viele runde Luftballons, einen Bettüberzug.

> **Gut fürs** Gleichgewicht.

> **So geht's:** Die Luftballons beim zweiten Mal etwa faustgroß aufblasen (Tipp rechts), in den Bettüberzug füllen und diesen zuknöpfen – fertig ist die wacklige Liege-, Krabbel- und Laufwiese.

Wurfkissen

> **Sie brauchen:** mehrere Waschlappen, Nähzeug, Füllmaterialien wie zum Beispiel ausgewaschene Kirsch- oder Aprikosenkerne, Kronkorken, Knöpfe oder getrocknete Erbsen.

> **So geht's:** Füllen Sie die Waschlappen locker mit den Füllmaterialien und nähen Sie die Öffnung sorgfältig zu. Wer's ganz eilig hat, füllt einfach alte Söckchen und knotet diese sorgfältig zu.

Eigenheim

> **Sie brauchen:** einen großen Karton (etwa von der neuen Waschmaschine), ein Messer, Fingerfarben oder Wachsmalkreiden.

> **So geht's:** Schneiden Sie die ausklappbaren Deckelteile des Kartons ab und stellen Sie ihn mit der Öffnung nach unten auf den Boden. Überlegen Sie nun gemeinsam, wo die Haustür sein soll. Schneiden Sie die Türöffnung so aus, dass die (Doppel-)Tür geöffnet und geschlossen werden kann. Jetzt fehlen noch zwei Fenster mit Fensterläden und vielleicht ein Türgriff aus einem Sektkorken oder einer dicken Holzperle. Ihr kleiner Baustellenhelfer kann sein Haus jetzt noch ganz allein von außen bunt anmalen.

TIPP

Es gibt einen Trick, der verhindert, dass Luftballons schnell platzen: dafür die Ballons beim ersten Mal so groß wie möglich aufblasen (oder mit einer Luftballonpumpe befüllen), die Luft komplett wieder herauslassen und die Ballons dann auf die gewünschte Größe aufblasen.

1 Hokus, Pokus ...

Zauberbox

› **Sie brauchen:** einen Schuhkarton mit Deckel, eventuell eine hübsche selbstklebende Folie zum Verzieren.

1 › **So geht's:** Bekleben Sie die Schachtel rundum mit der Folie. Andernfalls befestigen Sie den Deckel mit etwas Klebeband an der Schachtel. Schneiden Sie in die Mitte des Deckels ein rundes Loch – gerade so groß, dass die Hand Ihres Kindes durchpasst. Nun kann Ihr Kind kleine Dinge und Spielsachen in seine Zauberbox stecken und – im Dunkeln tappend – wieder herausholen. Die Box können Sie übrigens auch für das Spiel »Zauberbeutel« (Seite 82) verwenden. Und vielleicht bastelt Ihr Kleines die Zauberbeutel schon ganz allein. Sie schneiden nur das Loch in den Deckel.

Puppenbett

› **Sie brauchen:** einen Schuhkarton, in dem die Puppe Platz hat, bunte selbstklebende Folie, einen Waschlappen, Füllwatte oder Watte, Nähzeug, ein Stofftaschentuch, ein Gästehandtuch.

› **So geht's:** Bekleben Sie die Außenseiten der Schachtel mit der Folie und/oder verzieren Sie sie mit hübschen Knöpfen, ausgeschnittenen Fotos, Märchenwolle ... Auf den Boden des Puppenbetts kommt etwas Watte, darüber das Stofftaschentuch als Bettlaken. In den Waschlappen stopfen Sie (Füll-)Watte und nähen ihn zu: Fertig ist das Kopfkissen. Mit dem Gästehandtuch wird die Puppe zugedeckt: »Schlaf, Kindlein, schlaf ...«

Bierdeckel-Memory

› **Sie brauchen:** selbstklebende Folie/Tonpapier in den Farben Rot, Gelb und Blau, einen Klebestift, 6 identische Bierdeckel.

› **So geht's:** Schneiden Sie von jeder Farbe zwei Kreise aus, die etwas kleiner sind als die Bierdeckel. Am leichtesten geht das, indem Sie den Kreis mit einem Zirkel aufs Papier vorzeichnen oder ein Glas umgedreht aufs Papier setzen und den Umriss abzeichnen. Die Farbkreise auf die Bierdeckel (immer die gleiche Seite) kleben. Die Bierdeckel mit den Farben nach unten auf den Tisch legen und schon kann der Memory-Spaß beginnen, bei dem Paare gesucht werden. Später können neue Farben und damit Paare dazukommen, was das Spiel dann schon erheblich schwieriger macht.

Ballmaschine

> **Sie brauchen:** Alufolie, Back-, Butterbrot-, Geschenk-, Pack-, Seidenpapier, alte Zeitungen.

> **So geht's:** Schneiden oder reißen Sie aus den unterschiedlichen Materialien Stücke, die etwa DIN-A4-Größe haben. Dazu sollten noch einige doppelt so große Stücke kommen. Ihr Kind darf das Papier nun so fest es kann zu Bällen zusammenknüllen. Sie machen die Schlussarbeit und formen daraus feste Bälle, die sich zum Beispiel für die »Apfelernte« von Seite 72 verwenden lassen. Für das Befühlen unterschiedlicher Oberflächen eignen sie sich auch. Vielleicht möchte Ihr Kind die Kugeln in seine Zauberbox (siehe links) stecken oder eine Aufbewahrungsschachtel basteln.

Mein erstes Puzzle

> **Sie brauchen:** alte Zeitschriften und Kataloge, einige alte Postkarten, Kleber.

2 > **So geht's:** Suchen Sie aus Zeitschriften oder Katalogen gemeinsam mit Ihrem Kind einige Bilder und Fotos aus, auf denen Gegenstände oder Tiere zu sehen sind, die Ihr Kind bereits gut kennt. Schneiden Sie die Motive aus und kleben Sie diese auf eine Postkarte. Nun schneiden Sie die Bilder einmal quer beziehungsweise diagonal durch: Das erste Puzzle Ihres Kindes ist fertig. Es kann die Motive jetzt zusammensetzen. Dabei gilt: Je einfacher das Motiv, umso schneller ist das Puzzle wieder zusammengesetzt. Später lässt sich aus dem zweiteiligen im Handumdrehen ein vierteiliges Puzzle machen!

WICHTIG: Verwirren Sie Ihr Kind bitte nicht, sondern geben Sie ihm immer nur ein Puzzle auf einmal!

2   Aus zwei mach eins!

1 Ballons mit »Innenleben«   **2** Jetzt geht's ans Eingemachte!

Zauberballons

> **Sie brauchen:** Luftballons, Füllmaterial wie Reis, getrocknete Erbsen, Salz, ein kleines Glöckchen.

1 > **So geht's:** Blasen Sie die Ballons vorher einmal voll auf, dann die Luft herauslassen (siehe Tipp Seite 115). Geben Sie 1–2 Esslöffel Füllung beziehungsweise das Glöckchen in die Luftballons, blasen Sie sie erneut auf und knoten sie zu. Jetzt machen sie tolle Geräusche! Für einen doppelten Zauberballon blasen Sie einen durchscheinenden Luftballon auf und lassen die Luft dann wieder heraus. Schieben Sie nun einen dunkleren Luftballon in den durchscheinenden. Blasen Sie ihn etwas auf – das geht! –, und knoten Sie ihn zu. Jetzt den äußeren Ballon aufblasen, fertig!

Mini-Zauberschachteln

> **Sie brauchen:** einige leere Streichholzschachteln (solche zum Aufschieben), selbstklebende Folie oder Filz und Kleber.

> **So geht's:** Verzieren Sie die Schachteln mit Folie oder Klebstoff und Filz – nun können Sie kleine Sachen wie Knöpfe, Kekse, Murmeln durch Auf- und Zuschieben weg- und wieder herzaubern.

TIPP
Aus 24 bunten Streichholzschachteln lässt sich ein schöner Adventskalender basteln: einfach alle Schachteln mit Zahlen von 1 bis 24 versehen, an verschieden lange Bändchen hängen und nebeneinander an einem Zweig oder Stab befestigen. Die Schachteln können Sie schon im November nach und nach mit Ihrem Kind fertigstellen.

Formbox

> **Sie brauchen:** einen Schuhkarton mit Deckel, als Wurfobjekte einige Holzperlen, drei- und viereckige Bauklötze; eventuell bunte selbstklebende Folie.

> **So geht's:** Wenn Sie möchten, verschönern Sie die Schachtel rundum mit der selbstklebenden Folie (ohne jedoch den Deckel am Karton festzukleben). Schneiden Sie in den Deckel ein rundes, ein viereckiges und ein dreieckiges Loch, jeweils etwas größer als die entsprechenden »Wurfobjekte«.

WICHTIG: Viele Formboxen, die im Spielzeughandel angeboten werden, haben bis zu zehn Öffnungen. Zweijährige sind davon überfordert und merken sofort: »Das kann ich nicht.« Die Folge ist, dass vielen Kindern dabei die Spiellust abhanden kommt!

TIPP

Wenn Ihr Kind Ihnen beim Basteln einmal so gut wie überhaupt nicht helfen kann (wie das hier bei der Formbox der Fall ist), sollten Sie es umso mehr in die Planung und in Ihre Überlegungen einbeziehen: »Was meinst Du, muss dieses Loch nicht noch etwas größer sein, damit die Perle hinterher reinpasst?«

Laufdosen

> **Sie brauchen:** zwei leere, stabile, breite Blechdosen (ohne Deckel), ein langes Stück feste Schnur, einen Milchdosenpikser (alternativ Hammer und Nagel), Isolierband, eventuell selbstklebende Folie oder Filz und Kleber.

2 > **So geht's:** Stechen Sie etwa einen Zentimeter unterhalb des Dosenbodens ein Loch durchs Metall, sodass die Schnur hindurchpasst. Auf der gegenüberliegenden Seite verfahren Sie ebenso. Die Schnur wird nun von außen durch eines der Löcher gefädelt und innen dick verknotet. Ihr Kind soll sich nun mit einem Fuß auf die Dose stellen und die Schnur so halten, dass es sie gut greifen und straff halten kann. Nehmen Sie nun gut das Doppelte der ermittelten Schnurlänge, und fädeln Sie das andere Ende durch das zweite Loch. Testen Sie noch einmal die Länge, und verknoten Sie dann das zweite Schnurende im zweiten Loch. Verfahren Sie mit der zweiten Dose genauso. Falls die inneren Schneidekanten der Dosen scharf sind, überkleben Sie sie mit Isolierband. Diese Kanten stören zwar nicht beim Laufen, könnten beim Aufräumen jedoch zu Verletzungen führen. Wer möchte, verschönert die Dosen dann noch mit bunter Klebefolie oder Filz – und schon kann sie losgehen, die Blechbüchsen-Rallye!

Rezepte für Bastelmaterial

Wo begeistert gespielt und gebastelt wird, fällt auch einiges an Material an. Aber (lösemittelfreier) Kleber aus der Tube, ungiftige Fingerfarben oder Knetmasse aus dem alternativen Spielzeugladen sind nicht gerade billig. Auf den folgenden Seiten finden Sie deshalb fünf einfache Rezepte, die in Ihrer »Bastelküche« bestimmt bald zu Klassikern werden. Und auch für die Spiele in diesem Buch können Sie sie vielfach verwenden. Selbst wenn Ihr Kind noch zu klein ist, um bei der Zubereitung der Rezepte mitzuhelfen, sollten Sie es auf jeden Fall dabei zuschauen lassen. Erklären Sie dabei, was Sie gerade machen und geben Sie Ihrem Kind damit das Gefühl, an der Produktion beteiligt zu sein: »Die Fingerfarben haben Mama und ich selbst gemacht!«

TIPP
Besonders praktisch ist, dass der Kleber in der Dose, in der er angerührt wird, hinterher auch aufbewahrt werden kann. Starten Sie am besten mit einer kleinen Menge Kleber. Wenn der binnen eines Tages aufgebraucht ist, wissen Sie, dass es beim nächsten Mal etwas mehr sein sollte!

Kleber

› **Sie brauchen:** eine Packung Tapetenkleister, einen Schneebesen, Wasser, eine Plastikdose mit Deckel zum Anrühren und Aufbewahren des Kleisters.

› **So geht's:** Rühren Sie den Kleister nach Packungsanleitung mit dem Schneebesen in der Plastikdose an. Achten Sie darauf, dass es keine Klümpchen gibt, und verwenden Sie etwas mehr Wasser als angegeben. Der fertige Kleber hält sich bei geschlossenem Deckel sehr lang. Wem die Menge auf einmal zu viel ist, rührt den Packungsinhalt auf mehrere Male an. Mit der Zeit werden Sie den Bedarf Ihres Sprösslings kennen.

Fingerfarben

› **Sie brauchen:** eine Packung Tapetenkleister, Wasser, Lebensmittelfarben, kleine verschließbare Plastikbehälter oder kleine Marmeladengläser mit weiter Öffnung.

› **So geht's:** Im Prinzip rühren Sie wie oben beschrieben Kleister an, doch diesmal in kleinen Portionen und etwas dickflüssiger, also mit etwas weniger (und farbigem) Wasser. Dafür rühren Sie etwas Lebensmittelfarbe (Menge je nach gewünschter Farbintensität) ins Wasser ein und verquirlen das farbige Wasser mit der entsprechenden Menge Kleister. Geben Sie jede Farbe in einen eigenen Behälter, den Sie gut verschließen.

TIPP: Vor dem Malen entnehmen Sie jeweils einen Klecks Farbe und geben ihn auf den jeweiligen Deckel. Der dient jetzt als »Farbenschälchen« und lässt sich hinterher schnell wieder abspülen.

VARIANTE: Für kräftigere und weniger glitschige Fingerfarben können Sie aber auch 1 Tasse Mehl mit knapp 1 Tasse Wasser, etwas Zitronensaft, 1 EL Öl und etwas Lebensmittelfarbe gut verrühren.

Knetmasse für die Kleinsten

> **Sie brauchen:** 425 g Mehl, 125 ml Wasser, 125 ml Öl, Lebensmittelfarbe.

> **So geht's:** Lösen Sie die Lebensmittelfarbe im Wasser auf, rühren Sie das Öl unter und arbeiten Sie zuletzt das Mehl unter die Mischung. Fügen Sie, falls nötig, noch so viel Wasser hinzu, dass eine geschmeidige Knete entsteht. Sie ist auch für die Jüngsten gut geeignet, die noch vieles in den Mund nehmen. In einem Schraubglas im Kühlschrank hält sie sich gut, muss aber vor jedem Einsatz gut durchgeknetet werden.

TIPP

Mit Lebensmittelfarben lassen sich sowohl Fingerfarben als auch Knete schnell und einfach färben. Wer jedoch ganz natürlich bleiben möchte, kann Kleister & Co. aber auch mit Natursäften beziehungsweise Gewürzen färben, etwa Rote-Bete-Saft, geriebener Kurkuma oder Blaubeersaft.

Tolles Material für jeden Tag – ganz einfach hergestellt.

Salzteig

> **Sie brauchen:** 2 Tassen Mehl, 1 Tasse Salz, etwas neutrales Speiseöl, Wasser.

> **So geht's:** Vermengen Sie Salz und Mehl gründlich miteinander. Arbeiten Sie nun so viel Wasser unter, dass ein griffiger, fester Teig entsteht. Um den Teig geschmeidig zu machen, arbeiten Sie zuletzt noch etwas Speiseöl unter.

TIPP: Der Vorteil des Salzteigs liegt darin, dass sich daraus auch haltbare Figuren kneten lassen. Dafür müssen die Kunstwerke nur einige Tage an der Luft oder für zwei bis drei Stunden im auf 130 °C vorgeheizten Backofen trocknen. Wer möchte, kann sie danach auch noch mit Wasserfarben oder Buntstiften verschönern.

Zauberknete

TIPP

Die Zauberknete hält sich in einem Marmeladenglas im Kühschrank einige Wochen.

> **Sie brauchen:** 100 g Salz, 400 g Mehl, 400 ml Wasser, 4 EL Öl, Lebensmittelfarbe.

> **So geht's:** Vermengen Sie Salz und Mehl gründlich miteinander. Mischen Sie in einem Topf das Wasser mit dem Öl und geben Sie der Mischung mit Lebensmittelfarbe die gewünschte Farbe. Das Wasser aufkochen, von der Kochstelle nehmen und die Salz-Mehl-Mischung unterrühren. Verarbeiten Sie alles so rasch und so heiß wie möglich zu einem Teig, der sich zu einem Kloß zusammenballt und vom Topfboden löst. Mit den Knethaken des Handrührers alles noch einmal gut verkneten.

TIPP: Für ein buntes Knetvergügen stellen Sie am besten kleinere Mengen Knete in verschiedenen Farben her. In getrennten Gläsern aufbewahrt, bleiben die einzelnen Farben sauber und halten sich gut. Und wenn sich die bunten Farben doch einmal zu einem undurchdringlichen braunen Knete-Knollen zusammenballen, können Sie diesen getrost entsorgen – und morgen mit Ihrem Kind neue Knete in leuchtenden Farbenherstellen!

Bücher und Adressen, die weiterhelfen

BÜCHER

Arens, Ulla: **Offenheit und Scham in der Familie. Wie Eltern und Kinder unbefangen miteinander umgehen;** Ariston

Braun, Gisela; Wolters, Dorothee: **Das große und das kleine NEIN;** Verlag an der Ruhr

Erlbuch, Wolf: **Das Bärenwunder;** Hammer

Fägerström, Grethe; Hansson, Gunilla: **Peter, Ida und Minimum;** Ravensburger

Frey, Jana: **Vom Großwerden und Starksein. 36 Bilderbuchgeschichten, die Kinder mutig machen;** Loewe

Kreusch-Jacob, Dorothee: **Musik macht klug;** Kösel

Langen, Annette; Ackroyd, Dorothea: **Klingelingeling macht die kleine Motzkuh;** Coppenrath

McBratney, Sam; Jeram, Anita: **Weißt du eigentlich, wie lieb ich dich hab?** Sauerländer

Mebes, Marion: **Kein Küsschen auf Kommando;** Mebes & Noack

Mebes, Marion; Sandrock, Lydia: **Kein Anfassen auf Kommando;** Mebes & Noack

Moost, Nele; Schober, Michael: **Welcher Po passt auf dieses Klo?;** Esslinger

Schwarz, Britta; Tophoven, Manfred: **Das kleine Wutmonster;** Betz (Wien)

Schafnitzl, Lioba: **Warum? Tessloffs großes schlaues Antwortbuch;** Tessloff

Bücher aus dem GRÄFE UND UNZER VERLAG

Kunze, Petra; Salamander, Catharina: **Die schönsten Rituale für Kinder**

Nitsch, Cornelia; Hüther, Prof. Dr. Gerald: **Kinder gezielt fördern**

Nitsch, Cornelia; Hüther, Prof. Dr. Gerald: **Wie aus Kindern glückliche Erwachsene werden**

Pulkkinen, Anne: **PEKiP: Babys spielerisch fördern**

Stamer-Brandt, Petra; Murphy-Witt, Monika: **Das Erziehungs-ABC. Von Angst bis Zorn**

ADRESSEN

PEKiP e. V.

Am Böllert 7
47269 Duisburg
E-Mail: pekip@t-online.de
www.pekip.de
Hier erfahren Sie, wo es in Ihrer Nähe PEKiP-Gruppen fürs erste Lebensjahr gibt (in Deutschland, Österreich und der Schweiz), und bekommen Infos zur Fortbildung »PEKiP®-Gruppenleiter«.
PEKiP® ist ein eingetragenes Warenzeichen und gesetzlich geschützt. PEKiP-Gruppen können nur von ausgebildeten Gruppenleiterinnen mit PEKiP-Zertifikat durchgeführt werden.

Bundesarbeitsgemeinschaft Elterninitiativen e. V. (BAGE)

Einsteinstraße 111
81675 München
www.bage.de

Bundeszentrale für gesundheitliche Aufklärung

Ostmerheimer Straße 220
51109 Köln
www.bzga.de
(Suchwort: Sicherheitsfibel)

Verzeichnis der Erziehungsberatungsstellen

www.bke.de/eb-katalog.htm

Sachregister

Spiel- und Bewegungsanregungen

Spielzeug und Bastelmaterialien selbst gemacht

Impressum

© 2009 GRÄFE UND UNZER VERLAG GmbH, München
Aktualisierte Neuausgabe von *Spielen und lernen nach der PEKiP-Zeit*, GRÄFE UND UNZER VERLAG 2006, ISBN 978-3-7742-8883-6.
Alle Rechte vorbehalten. Nachdruck, auch auszugsweise, sowie Verbreitung durch Bild, Funk, Fernsehen und Internet, durch fotomechanische Wiedergabe, Tonträger und Datenverarbeitungssysteme jeder Art nur mit schriftlicher Genehmigung des Verlages.

Projektleitung: Silvia Herzog

Lektorat: Gabriele Heßmann, Barbara Kohl

Layout: independent Medien-Design (Horst Moser)

Herstellung: Petra Roth

Satz: Christopher Hammond

Reproduktion: Repro Ludwig, Zell am See

Druck: Firmengruppe APPL, aprinta druck, Wemding

Bindung: Firmengruppe APPL, sellier druck, Freising

ISBN 978-3-8338-1810-3

1. Auflage 2009

GRÄFE
UND
UNZER

Ein Unternehmen der
GANSKE VERLAGSGRUPPE

Bildnachweis

Fotoproduktion: Sandra Seckinger

Weitere Fotos: Anne Pulkkinen: S. 4; F1 online: S. 110/111; Getty: S. 26; GU: Susanne Krauss (Cover); Mauritius: S. 6/7, 33, 41; Picture Press: S. 2, 12; Westend: S. 17.

Umwelthinweis

Dieses Buch wurde auf chlorfrei gebleichtem Papier gedruckt. Um Rohstoffe zu sparen, haben wir auf Folienverpackung verzichtet.

Dank

Herzlichen Dank an Gertrud Scherer (PEKiP-Gründerin) für die fachliche Unterstützung, an den Verlag für die gute Zusammenarbeit, an Sandra Seckinger und an die kleinen Models für die liebevollen Fotos. Ganz besonders danke ich meinem Mann Hans für seine tatkräftige Unterstützung und unseren Kindern, Mia und Jonas, für die schönen Erinnerungen an die Kleinkindzeit.

Wichtiger Hinweis

Die Gedanken, Methoden und Anregungen in diesem Buch stellen die Meinung bzw. Erfahrung des Verfassers dar. Sie wurden von der Autorin nach bestem Wissen erstellt und mit größtmöglicher Sorgfalt geprüft. Sie bieten jedoch keinen Ersatz für persönlichen kompetenten medizinischen Rat. Jede Leserin, jeder Leser ist für das eigene Tun und Lassen auch weiterhin selbst verantwortlich. Weder Autorin noch Verlag können für eventuelle Nachteile oder Schäden, die aus den im Buch gegebenen praktischen Hinweisen resultieren, eine Haftung übernehmen.

Die GU-Homepage finden Sie im Internet unter www.gu-online.de

Unsere Garantie

Mit dem Kauf dieses
Buches haben Sie sich für
ein Qualitätsprodukt ent-
schieden. Wir haben alle
Informationen in diesem
Ratgeber sorgfältig und
gewissenhaft geprüft.
Sollte Ihnen dennoch ein
Fehler auffallen, bitten wir
Sie, uns das Buch mit dem
entsprechenden Hinweis
zurückzusenden. Gerne
tauschen wir Ihnen den
GU-Ratgeber gegen einen
anderen zum gleichen
oder zu einem ähnlichen
Thema um.

Liebe Leserin und lieber Leser,

wir freuen uns, dass Sie sich für ein GU-Buch entschieden
haben. Mit Ihrem Kauf setzen Sie auf die Qualität, Kompetenz
und Aktualität unserer Ratgeber. Dafür sagen wir Danke!
Wir wollen als führender Ratgeberverlag noch besser werden.
Daher ist uns Ihre Meinung wichtig. Bitte senden Sie uns
Ihre Anregungen, Ihre Kritik oder Ihr Lob zu unseren Büchern.
Haben Sie Fragen oder benötigen Sie weiteren Rat zum Thema?
Wir freuen uns auf Ihre Nachricht!

GRÄFE UND UNZER VERLAG
Leserservice
Postfach 86 03 13
81630 München

Wir sind für Sie da!
Montag–Donnerstag: 8.00–18.00 Uhr
Freitag: 8.00–16.00 Uhr
Tel.: 0180 - 5005054*
Fax: 0180 - 5012054*
E-Mail: leserservice@graefe-und-unzer.de

*(0,14 € /Min. aus dem dt. Festnetz,
 Mobilfunkpreise können abweichen.)

Neugierig auf GU?
Jetzt das GU Kundenmagazin und die
GU Newsletter abonnieren.

Wollen Sie noch mehr Aktuelles von GU erfahren,
dann abonnieren Sie unser kostenloses GU Magazin
und/oder unseren kostenlosen GU-Online-Newsletter.
Hier ganz einfach anmelden:
www.gu-online.de/anmeldung

Ein Unternehmen der
GANSKE VERLAGSGRUPPE